suhrkamp taschenbuch 5278

Oliver Polak

L'amour numérique

Und täglich grüßt die Liebesgier

Ein Episodenroman

Suhrkamp

Der Text »München« (S. 60 ff.) ist erstmals in der SÜDDEUTSCHEN ZEITUNG vom 2. Januar 2021 unter dem Titel »Stille ist der neue Krach« in leicht veränderter Form veröffentlicht worden.
Der Text »Budapest« (S. 65 ff.) ist erstmals in der WELT vom 8. Juli 2021 unter dem Titel »Im Arsch der Realität« in leicht veränderter Form veröffentlicht worden.
Alle anderen Texte wurden eigens für dieses Buch geschrieben.

Klimaneutral
Druckprodukt
ClimatePartner.com/14438-2110-1001

Erste Auflage 2022
suhrkamp taschenbuch 5278
Originalausgabe

Umschlaggestaltung: zero-media.net
Umschlagabbildungen: FinePic®, München
(Hund, Pfote, Wasserglas, Kaffee, Hut, Handy, Papierstruktur);
Getty Images (Tisch, Foto: stsvirkun);
Stocksy (T-Shirt, Foto: Mango Street Lab; Stuhl, Foto: Miquel Llonch)
Druck und Bindung: C. H. Beck, Nördlingen
Printed in Germany
ISBN 978-3-518-47278-1

www.suhrkamp.de

Hold the line. Love isn't always on time.

Toto

INHALT

1 Paris 9
2 Norderney 24
3 New York 29
4 Berlin 36
5 Emsland 39
6 Paris 41
7 Barcelona 52
8 Holland 54
9 New York 56
10 München 60
11 Budapest 65
12 Berlin 69
13 Emsland 75
14 Paris 78
15 Brasilien 85
16 Berlin 93
17 Leer-Logabirum 97
18 Lüdinghausen 100
19 Paris / Berlin 102
20 Paris 104
Ausgeflippt. *Epilog* 109

Playlist 110
Dank 112
Quellenverzeichnis 112

1
Paris

Wir waren um Mitternacht vor dem Café de Flore in Paris verabredet. Ein Jahr lang hatten wir uns geschrieben, heute sollten wir uns endlich treffen. Immerhin besser als fünf Jahre lang schreiben, ist mir nämlich auch schon passiert. Mein Zug hatte Verspätung. Jetzt stehe ich neunzig Minuten nach der verabredeten Zeit vor dem Café, das um 1:30 Uhr schließt. Kein Gast und überhaupt niemand weit und breit in dieser viel zu warmen Herbstnacht im Oktober. Auch die orangefarbenen Lichter der Brasserie Lipp gegenüber sind schon erloschen. Lediglich ein paar in Schwarz-Weiß gekleidete Kellner, sie stapeln vor dem Flore akkurat die Stühle zu kleinen Türmchen. Ein Kellner sagt mir mit stark in französischen Akzent eingetunktem Englisch: »We o klos.« Ich werde unruhig, taste meinen Körper nach meinem Handy ab. Die Kellner müssen denken, dass ich gerade einen Schlaganfall erleide. Ich werde noch unruhiger, und meine Stirn ist nass. Es ist natürlich die letzte Tasche meiner Jacke, in der ich mein Handy finde. Es ist immer die letzte Tasche. Ich gehe auf die Dating-App, um Eva nochmal zu schreiben, mich zu entschuldigen für die Verspätung. Oder vielleicht hat sie eine Nachricht hinterlassen.

Ihr Profil ist weg. Verschwunden. Gelöscht. Eliminiert. Ich habe keine Nummer. Keinen vollen Namen. Kein Instagram. Kein Facebook. Kein Twitter. Keine Adresse. Kein no nothing. Keine Eva. Nur die Erinnerung.

Ich schaue runter zu meinem Hund Toto, er schaut hoch zu mir. Als wolle er mir sanft sagen: »Das ist der Grund, warum ich keine Dating-App habe.«

Jetzt stehe ich mitten in der Nacht hier in Frankreich und denke mal wieder, wie naiv ich bin. Und gleichzeitig denke ich: »Who the fuck cares.«

Es nähern sich die trippelnden Schritte von Stöckelschuhen, auf dem von abgefallenen Blättern bedeckten Bürgersteig klackert es immer lauter. In meiner linken Hand die Hundeleine, in der rechten ein Strauß Rosen. Mein Hund blickt auf. Ich blicke auf. Eine fremde Frau schaut mich an, und ich denke mir, das ist nicht Eva. Sie fragt mich: »It's closed?« Ich nicke. Sie stampft wütend auf, soft und trotzig mit dem High Heel auf den Pariser Asphalt, und sagt nichts. Ich sage auch nichts. Ich blicke sie an, sie blickt mich an.

Sie ist wunderschön. Ihre großen Augen, diese pechschwarzen Wimpern, wie das Gefieder einer Krähe, ihr nachdenklicher Gesichtsausdruck, der Duft ihrer Haare, den der Abendwind mir entgegenweht, blumig. Pariserisch. Sie fragt mich, wo man noch was trinken kann. Hat sie mich das gerade wirklich gefragt? Ich habe doch selbst keinen Schimmer.

Da fällt mir dieses Restaurant ein, vor Jahren war ich mal da. »Le Mabillon, die haben noch bis früh auf«, sage ich. Sie fragt mich nach dem Weg, und noch während ich erschöpft versuche zu erklären, wo der Laden ist, biete ich an, sie zu begleiten. Da es nicht weit ist und ich eh noch ein paar Schritte mit Toto gehen muss.

Wir laufen los, vorbei am Deux Magots, an Saint-Germain-des-Prés mit dem dicken Kirchturm und dem verlassenen Crêpe-Stand, durch die seltsam laue Oktoberluft. Sie zuckt zusammen und krallt sich mit ihren knallig rotlackierten Wolverine-Fingernägeln an meinen Oberarm – eine fette Nutella-Ratte rennt vom Mülleimer unter den Stand. Noch einen Moment lang sehen wir ihren ölig glänzenden Schwanz.

Tagsüber ist diese Bude der beliebteste Crêpe-Stand von Paris. Nachts flitzen die Ratten aus dem angrenzenden Kirchgarten, und die Szenerie verwandelt sich in eine etwas schmuddelige Version der Filmkulisse von »Ratatouille«.

Ich muss lachen.

Angekommen bei Le Mabillon, verabschiede ich mich, ich bin müde. Als ich mich umdrehe, um zum Taxistand zu gehen, ruft sie mich zurück und fragt, ob ich sie nicht noch auf ein Glas begleite. Nach der fast elfstündigen Zugfahrt fühle ich mich wie ein verschwitzter, übergewichtiger Otter, und nachdem ich von Eva geghostet, gelöscht, digital eliminiert wurde, bin ich nicht bereit für eine weitere Enttäuschung an diesem Abend. Nur – wann fühlt man sich schon nach dem, wie man sich zu fühlen hat? Und wer hat es mir beigebracht, wie ich mich wann zu fühlen habe: Mein Vater, meine Mutter? Ist mir gerade egal.

Jetzt stehe ich wieder vor ihr, der Kellner hat mich negativ im Visier. Er weist uns ab, nicht wegen des Hundes, wie ich es gewohnt bin, nein, wegen meiner Jogginghose, wie ich es auch gewohnt bin.

Die mir immer noch Fremde überzeugt den Kellner, dass wir uns trotz Jogginghose hinten in die Ecke des Restaurants setzen können, wenn ich schnell reinhusche und meine Beine gleich unter dem Tisch verstecke. Obwohl ich diese Türpolitik ablehne, gehe ich ihr zuliebe mit.

Wir versinken in den Ledersesseln.

Amaretto Sour's. Der Schaum glitzert an ihrer Oberlippe, während sie erzählt, dass sie hier in Paris bei einer Familie als Au-pair arbeitet. Mir fällt auf, dass ich sie noch gar nicht nach ihrem Namen gefragt habe. Sie heißt Maja. Ich finde sie attraktiv, und das reicht wohl aus, um das zu tun, was ich dann tue.

Ich weiß, es ist relativ geistesgestört, aber ich frage sie nach ungefähr fünf Minuten, ob sie Familie will, und während ich sie das frage, fühle ich mich ertappt, dass ich gerade nach etwas suche, was ich hier und jetzt bestimmt nicht finden werde. Sie schwenkt das leere Glas und nickt mir traurig zu. Und sagt: »Ich will, aber es geht nicht.«

Ich bin sprachlos, eigentlich bin ich jemand, der »Warum nicht?« fragt. Stattdessen erzähle ich ihr, dass ich Comedian bin. Und sie bittet mich tatsächlich, ihr einen Witz zu erzählen.

»Fährt ein dicker, deutscher Comedian nach Paris, um ein Date zu treffen. Date kommt nicht. Aber er lernt die Mutter seiner Kinder kennen.«

Sie lacht und fragt mich, ob ich ihr ein paar wirklich witzige Comedians empfehlen kann, dafür bekomme ich ihre WhatsApp-Nummer.

Ich werde müde, es ist mittlerweile fünf Uhr morgens, ich bitte den Ober um die Rechnung. Vor dem Café fragt Maja mich, wie ich nach Hause komme, und sagt dann, dass sie mich noch zum Taxistand begleitet. Wir laufen nah beieinander den Boulevard Saint-Germain hinunter. Unsere Schultern berühren sich immer wieder, während Toto vor uns den Gehweg entlangschnüffelt. Natürlich steht kein Taxi am Stand.

Also ein Uber. Ich suche mein Handy, es ist in der letzten Tasche, in die ich greife. Maja fragt, was ich jetzt vorhabe. Schlafen. Ich schlage ihr vor, dass wir uns in den nächsten Tagen nochmal zum Mittagessen treffen. Sie fragt, ob wir nicht noch etwas in meiner Hotelbar trinken wollen. »Gibt's nicht«, antworte ich. Schon hundemüde, wiederhole ich, dass ich jetzt schlafen gehen möchte. Sie stampft kurz auf den Boden, wie vor dem Café de Flore, diesmal wütender, und sagt, dass sie dann wohl alleine zur Champs-Élysées fahren müsse, da sie noch hellwach sei und dort bestimmt noch was geöffnet habe. »Alleine?«, frage ich. Sie kommt mit dem Gesicht ganz nah an mein Gesicht und fragt nochmal und nochmal, ganz leise, was ich jetzt will. Ich bin irritiert, das hab ich jetzt schon ein paarmal gesagt. Und wieder fragt sie mich. Und wieder. Fast berühren sich unsere Lippen. Jetzt stampft sie nochmal auf, die Nutella-Ratten vor der Crêpe-Bude zucken sicher zusammen.

Wir stehen mitten auf der leeren Kreuzung vor dem Deux Magots. Entweder küssen wir uns jetzt, oder ich geb ihr 'ne Kopfnuss. Sie starrt mich weiter erwartungsvoll an. Jeder, dem ich diese Geschichte erzähle, würde weinend in 'ne Kreissäge laufen wollen und fragen: »Dein Ernst?«

Ich bin fertig, müde. Ich überwinde mich und frage sie, ob ich sie was fragen kann, was man nicht fragen kann, auch wenn man es fragen möchte. Sie nickt. »Bist du?« Sie schaut mich mit ihren hochgezogenen Augenbrauen an. »Bist du eine …«, ich zögere, »bist du eine Sexarbeiterin?«

Sie stampft wieder auf, der Asphalt vibriert, und fragt, was sie denn sonst sein sollte. Ich schaue sie an und sage, dass, wenn sie wirklich eine ist, dann die schlechteste der Welt. »Maja«, sage ich, »hättest du mir das vor vier Stunden erzählt, statt irgendwas von 'nem Au-pair, hätte ich dir gleich gesagt, dass ich kein Interesse habe, und du hättest dich weiter umschauen können. Jetzt bist du hier abgefuckt, und ich fahre ins Hotel.«

Tränen schimmern in ihren Augen, und sie sagt, dass sie wegen Corona seit Ewigkeiten keine Kunden mehr hatte. Ihre Reserven aufgebraucht sind. Sie umarmt mich und lässt nicht los. Ich winde mich frei, gehe mit ihr im Schlepptau zum Geldautomaten gegenüber dem dicken Kirchturm, ziehe Geld, überreiche es ihr, bedanke mich für den Abend, verabschiede mich, stoppe ein Taxi, lasse mich hineinsinken. Kaum fällt meine Tür zu, öffnet sich die Tür am anderen Ende der Rückbank. Maja setzt sich neben mich, legt ihre Hand auf meine.

Im Autoradio läuft Burt Bacharachs »I'll Never Fall in Love Again«, über die Seine, vorbei am Louvre, an der riesigen Justin-Bieber-Balenciaga-Reklame, der Oper, fahren wir zu meinem Hotel.

Im Zimmer, das winzig ist, setzt sich Maja aufs Bett, während ich Toto Futter gebe. Maja fängt an zu würgen, fächelt sich mit der Hand Luft zu, schlägt vor, dass wir zu ihrem Hotel in der Nähe der Champs-Élysées fahren, den Hundefuttergeruch erträgt sie nicht.

Es dämmert schon leicht, während wir auf unser Taxi warten und dem Gekreische der Möwen lauschen.

Angekommen in Majas Hotelzimmer, sie zieht die Vorhänge zu und dimmt das Licht, fragt sie mich, ob wir meditieren wollen. Ich muss vorher unbedingt duschen, ich bin jetzt schon fast vierundzwanzig Stunden unterwegs.

Als ich aus dem Bad komme, sitzt Maja bereits unbekleidet im Schneidersitz auf dem Bett. Ich bin überrascht. Schneidersitz, konnte ich noch nie. Was für eine komplizierte Haltung. Ich setze mich daneben, die Füße auf dem etwas angegrauten Teppichboden. Meeresrauschen erklingt aus ihrem Telefon, und sie gibt mir Anweisungen, ein- und auszuatmen. Während sie selber ein- und ausatmet. Es wird immer ruhiger, immer stiller, all der Stress des Tages, der Nacht, er fällt von mir ab. Maja setzt sich hinter mich, umarmt meinen Oberkörper, lehnt ihren Kopf an meinen und sagt mir leise ins Ohr, dass ich sie bitte nicht alleine lassen soll. Ich drehe mich zu ihr um und küsse ihre Stirn, wie noch nie jemand meine Stirn geküsst hat.

Ein lauter Knall reißt uns aus dem Akt der liebevollen Begegnung. Ich öffne die Tür. Es ist der Rezeptionist, der uns höchstpersönlich abholt. Ich höre nur noch: »Is Bürning.«

Von draußen das schrille Geräusch der Sirenen. Ich greife nach meinem Portemonnaie, dem Telefon, werfe Maja die Bettdecke über, mir das Bettlaken. Wir rennen durchs Treppenhaus auf die Straße, die bereits voller Feuerwehrautos steht. Jetzt bin ich nackt, mein Bettlaken ist weg.

Ein Feuerwehrmann lotst uns zur Hauptstraße. Aus dem Qualm aufgetaucht, stehen wir hustend da, Maja eingehüllt in die übergroße Bettdecke, ich unbekleidet, vor dem Arc de Triomphe, der seinerseits mit Stoffen verhüllt ist. Ich denke über das Wort »Verhüllung« nach. Je mehr wir uns verhüllen, desto sichtbarer werden wir.

Jetzt stehen wir hier. Die Meditation wirkt weiter. Ich habe mich darauf eingelassen, ich habe mich nicht, wie so oft, in Selbstmitleid und Chips-Futtern verloren, weil ich versetzt wurde, diesmal von Eva. Hab' mich geöffnet für die Alternativen des Lebens, die mich nun hier um sieben Uhr morgens an den Arc de Triomphe geführt haben. Maja zieht mich unter die Decke, wo ich mich geborgen fühle, wie im Uterus der Mutter. Aber nicht meiner Mutter. Das ist alles viel schöner, als ich mir ein Date mit Eva je hätte vorstellen können.

Und in der Vergangenheit steckt das Wort »vergangen«.

Neben uns ein Typ, der gerade sein Mickey-Mouse-Kostüm anzieht, um mit den Touristen Fotos zu machen.

Ich rufe ein Uber, und wir fahren eingekuschelt in Majas Bettdecke zurück zu meinem Hotel, zurück zu Toto.

Im Zimmer angekommen, decke ich Maja mit der Decke von ihrem und auch der von meinem Hotel zu und gehe mit Toto hinunter auf die Straße.

Die Sonne crasht in meine rote Sonnenbrille. Nichts in der Welt ist schöner, als mit Paris aufzuwachen.

Paris, ein Bild von Paris. Das Einstecktuch Europas. Überall gut gekleidete Menschen, Cafés, keine LEDs, Glühbirnen bei Tageslicht. Toto schnüffelt an den Laternenpfählen und zuckt bei jeder vorbeifahrenden Vespa wegen der Auspufffehlzündungen zusammen.

Ich muss nochmal an Eva denken. Warum ist sie nicht erschienen gestern Abend? Ich hatte mir vorgenommen, keine Fragen mehr zu stellen. Und gleichzeitig frage ich mich, warum ich mir das vorgenommen habe.

Ich schleiche mich mit Kaffee und Croissants zurück ins Hotelzimmer. Maja ist weg. Ein Zettel auf dem Bett. »Call me.« Stimmt, ich sollte ihr ja noch Comedians empfehlen.

Ich lege mich auf das Hotelbett. Richtig finde ich nicht in den Schlaf. Ich muss an Eva denken, an meine Klamotten, die noch in Majas Hotel liegen, an die letzten Stunden. Daran, dass in dieser Zeit das einzig Planbare wohl die Unplanbarkeit ist. Und wie ein sanfter Wind, die Illusion von Liebe, mich durch die letzte Nacht in Paris trug.

Am späten Nachmittag laufen Toto und ich erneut durch den Pariser Herbst, erneut nach Saint-Germain zum Café de Flore. In der Hoffnung, dass die Frau, die mich gestern Abend versetzt hat, da sein wird, obwohl ich weiß, dass das nicht wahrscheinlich ist. Es ist meine Fantasie, von der ich mich einfangen lasse. Die Fantasie, die zur Sehnsucht wird. Und dann zur Obsession. Kenn ich schon. Toto folgt mir mit kleinen Hundeschritten auf den Herbstblättern, durch die schwarzen Pfützen, die den Pariser Himmel spiegeln. Liebesgierig schaue ich minütlich auf mein Handy, in die Dating-App.

Es ist die Erwartung, die mich oft unglücklich macht, hätte ich keine, wäre ich zufriedener. Vielleicht auch nicht.

Ich bin schon länger allein. Was okay war. Und ich bin ja nicht wirklich allein. Es gibt ja Toto. Trotzdem bin ich abgefuckt, wütend. Und zugleich beseelt von der letzten Nacht.

Auf der vollbesetzten Terrasse des Cafés sitze ich in meine Winterjacke eingepackt, Sonnenbrille, neben mir Toto, auf seinem eigenen Stuhl. Der Kellner serviert einen Espresso, ein Glas Wasser und ein Welsh Rarebit. Eine Auflaufform blubbernd mit Cheddarkäse, Toast und einem Schuss Bier. Er stellt die Unterteller, Untertasse, Tasse, das Glas, die Flasche, den Teller, Zucker, Salz und Pfeffer, die Worcestersauce auf die mattgrüne, runde Tischplatte. Vorher hat er sie mit einer Papierunterlage bedeckt, auf der das vollbesetzte Café de Flore illustriert ist. Das Besteck legt er akkurat daneben. Es ist die Detailverliebtheit, der perfekt zuverlässige, immer gleiche Ablauf, die Ästhetik der Inszenierung, die mich, wie Maja in der letzten Nacht, umarmt. Nur beständiger.

Eine Nachricht von ihr ploppt auf meinem Handy auf. Woher hat sie meine Nummer? Stimmt, ich hatte ihr ja die Namen der Comedians geschickt. Sie schlägt vor, dass wir uns treffen, sie möchte mir meine Balenciaga-Frühjahrskollektion, die ich im Hotel beim Brand zurücklassen musste, wiederbringen. Wir verabreden uns am frühen Abend in der Brasserie Lipp, also genau gegenüber vom Café de Flore. Ich starre weiter ins Handy. In die Leere, ins Nichts.

Gegen sieben Uhr machen Toto und ich uns auf den Weg herüber zur Brasserie Lipp. Das Lieblingsrestaurant von Jean-Paul Belmondo, auch das Lokal aus Hemingways »A Moveable Feast«. »Lokal« trifft diesen Ort nicht ganz. Gemütlichkeit durch Helligkeit. Alles ist hell, weißes Licht, das von den vielen Kronleuchtern und deren ausladenden Armen strahlt. An ihren Enden schweben große schimmernde Rosen aus Milchglas, die die von Charley Garry mit Frauen bemalte Decke ausleuchten.

Die vielen Spiegel, die Holzverkleidung an den Wänden, die mit Pflanzen und Palmen verzierten Keramikkacheln geben dem fast grellen Licht die Wärme, die dem Raum die sonderbare, bezaubernde Atmosphäre einer vergangenen Zeit verleiht.

Ich setze mich im vorderen Teil hinten links unter die alte knarzende Holztreppe, die zum Speisesaal in der zweiten Etage führt. Toto sitzt auf meiner Baseballjacke neben mir auf der Lederbank. Die Tische mit ihren weißen Decken, alle besetzt, eine Wolke der Konversation über den vielen Gästen, jeder auf seine eigene Art und Weise eine kleine Inszenierung, wie sie reden, wie sie gestikulieren und sich bewegen. Hier, an dem Fleck der Erde, wo die Schönheit erfunden wurde.

Meine Nase erschnuppert Gerüche, von deren Existenz sie gar nicht wusste.

Eine Mischung aus Chanel und dem Geruch von Haxen und einem Hauch Hareng Bismark.

Es gibt diese Redewendung »das Leben feiern«. Heute fühlt sich alles an wie eine Feier für das zurückgewonnene Leben.

Ich bin erstaunt über mich selbst. Endlich für einen Moment das Leben wahrnehmen. Verharren. Diese Momente sich aneinanderreihen lassen.

Um sie geht es doch. Diese Momente. Wenn ich sie öfter wahrnehmen könnte, wäre ich glücklicher. Wäre ich das? Schon wieder eine Frage. Täglich grüßt die Liebesgier, offenbar auch die Lebensgier.

Ein großer Kellner mit wenig Haaren, in der klassischen Schwarz-Weiß-Uniform, nähert sich und fragt, wie viele Personen wir sein werden. Er deckt ein, Servietten, Gabeln, Löffel, Messer, zeigt auf meinen Hund und fragt in diesem französischen Englisch: »Water for sie dog?« Ich nicke, Toto hechelt. Mit einem kleinen silbernen Napf kommt der Kellner zurück, stellt ihn neben Toto, atmet schwer aus und erzählt stockend, nach Worten suchend, dass er sechzehn Jahre lang einen Hund hatte, dass der gerade erst verstorben ist und dass das der schlimmste Tag seines Lebens war.

Er streckt Toto seinen Finger hin. Er ähnelt einer Miniwurst, Toto schaut auf den Finger, dann zu ihm hoch.

Von weitem sehe ich, wie sich Maja mit einer Tüte und einem großen Rollkoffer durch die Drehtür zwängt. Sie steht vor meinem Tisch, stellt die unförmige Tüte, in die sie meine Sachen gestopft hat, und den schwarzen Koffer ab. Er sieht identisch aus wie meiner. Dann gibt sie mir einen Kuss, sagt, dass sie gleich einen Termin hat, dass sie sich meldet. Und verschwindet dann in der Bewegung, den Reflexionen der gläsernen Drehtür.

Fred, der Kellner, serviert ein Bier und stellt sich als Fred, der Kellner, vor und sagt: »Wumen, sey cum, sey go.« Ein Bekannter aus Dortmund erzählte mir mal, dass sein Opa immer sagte: »Haste eine, ist Scheiße, haste keine, ist auch Scheiße.«

Die Eine, den Einen. Ist nicht »gut« auch irgendwann mal »Scheiße«, und »Scheiße« dann irgendwann auch mal »gut«? »Nothin' lasts forever and we both know hearts can change«, sang Axl Rose. Doch. Immer ist für ewig! Weil »immer« alles sein kann und darf.

Fred kommt mit dem Hareng Bismark, begleitet von einem großen Klacks schimmernder Crème fraîche. Während er »You gotta pump it up« summt, zeigt er auf einen Tisch auf der anderen Seite des Lokals und sagt, dass dort Belmondo immer mit seinem Hund saß. Und da, wo ich sitze, Hemingway, und dass der immer beim Essen schrieb.

»Also Hemingway saß auf meinem Platz«, sage ich laut. Fred lacht. Er und die anderen Kellner haben mich und alle Gäste im Blick, ohne aufdringlich zu sein. Der leichte Zugwind, wenn sie vorbeirauschen. Man ist hier in ihrer Obhut. Eine uniformierte Armee der Zivilisiertheit, Kultursoldaten, die die Symmetrie der Dinge im Auge behalten und den Umgang verteidigen.

Ich möchte hier für immer sitzen bleiben, wer will da schon in den Flieger und die Heimreise antreten.

Raus durch die Drehtür, Fred winkt Toto hinterher. Mit ihm und dem Koffer laufe ich Richtung Eiffelturm zu meinem Hotel, vorbei an den vielen Schaufenstern der kleinen Möbeldesign-Geschäfte am Boulevard Saint-Germain. Vor fast jedem Fenster bleibe ich stehen und schaue auf die arrangierten Möbel. Bekomme Sehnsucht. »But a chair is not a house and a house is not a home, when there's no one there to hold you tight, and no one there you can kiss goodnight.«

Ich stecke einem Obdachlosen, der mit seinem Hund vor einem der Läden auf dem Asphalt sitzt, einen Schein in den Becher. Selbst die Obdachlosen benutzen hier Louis-Vuitton-Taschen.

Morgen früh fliege ich zurück.

Ich wache im Hotel auf und sehe als Erstes eine Nachricht von Maja. Sie schreibt, dass ich ihren großen schwarzen Koffer mit nach Berlin nehmen soll und dass sie ihn in den nächsten Tagen dort abholt. Paris, Berlin, was wird die nächste Stadt sein, in die ich ihren Koffer bringen soll? Bratislava? New Orleans?

Draußen schüttet es. Paris im Regen ist wie ein durchnässter Straßenhund mit Sehnsucht in den Augen. Auf dem Weg zum Flughafen tropft meine Nase, sie ist rot angelaufen und eiskalt. Die Heizung im Taxi ist kaputt. Es fühlt sich an wie ein harter Abschied von jemandem, dem ich nie begegnet bin. Elektronische Liebe.

Am Flughafen werde ich in eine Extraschlange für Menschen, die mit Kindern oder mit Tieren reisen, gelotst. Vor mir eine zierliche, kleine Frau mit einem großen Koffer, ohne Tier, ohne Kind, lange, glatte eichhörnchenbraune Haare, blaue Augen, ihr Gesicht ist durch eine Maske verdeckt. Der deutsche Kontrolletti in mir, aber auch meine Neugier, lassen mich die Fremde ansprechen: »Where is your animal?« »I am sie animal«, antwortet sie mit zarter Stimme und diesem bezaubernden französischen Akzent. Wir lachen und kommen ins Plaudern. Sie stellt sich vor, Clara aus Paris, ihre Eltern sind Belgier, sie ist Literaturstudentin und fliegt zur Erholung nach Madeira. Ich stelle mich auch vor, Comedian, russisch-deutsch, jüdisch, aus Deutschland. Die Zutaten meiner Identität: eine perfekte Basis für einen dritten Weltkrieg. Sie lacht.

Während die Schlange sich langsam bewegt, erzählt Clara, dass sie mal einen Comedian gedatet hat, der immer ihre Witze geklaut und dann aber auf der Bühne versaut hat. Zwei Tauben landen vor dem Air-France-Check-in auf dem Marmorboden. Sie laufen umher und machen dabei diese komische Bewegung, bei der sie den Kopf immer wieder nach vorn strecken. Clara lacht, immer wenn sie Tauben so sieht, wie sie nach vorne ruckeln, stellt sie sich vor, dass sie alle über Minikopfhörer »Take 5« von Dave Brubeck hören. Dann ergänzt sie, dass ich den Witz nicht klauen darf. Wir tauschen unsere Instagram-Accounts aus und verbleiben bei einem eventuellen Wiedersehen in Paris.

Im Flugzeug, links von mir Toto in seiner Hundetasche, rechts unter mir Paris. Hinter mir Eva, Maja und Clara.

Vor dem Landeanflug kommt die Air-France-Flugbegleiterin an meinen Platz, eben die, die mir schon zuvor meine Cola Zero serviert hatte, in einer dieser Miniaturdosen, die nicht einmal den Durst eines Meerschweinchens stillen könnten. Sie lächelt mich an und steckt mir einen Zettel zu.

2

Norderney

Ich war dreizehn Jahre alt, als ich mit meinem guten Freund Benjamin und seiner Mutter nach Norderney fuhr. Wir übernachteten auf dem Campingplatz »Um Ost« in einem Wohnwagen. Tagsüber waren wir am Strand. Der Campingplatz war außerhalb vom Inselkern, der mit unseren Fahrrädern bei Rückenwind zwanzig Minuten über den Deich entfernt war. Nachts dauerte es noch länger, da Herden von kleinen Kaninchen den Deich überquerten. Also fuhren wir langsam, um keinen flauschigen Freund in unseren Speichen zu haben. Vielleicht waren es auch Hasen. Ich kann Kaninchen und Hasen bis heute nicht auseinanderhalten. Kaninchen sollen kleiner sein, nur: Wenn du keinen Hasen zum Vergleich hast, kann jedes Kaninchen als Hase durchgehen.

Norderney war für mich Ferien von den Eltern, Ferien von der Kleinstadt, in der ich damals mit meinen Eltern lebte. Karamellfarbener Sand, dahinter die Weiße Düne. Über allem der Glanz der Nordseesonnenstrahlen, die das Ed-von-Schleck-Eis auf meiner Zunge zu einer Erdbeervanillemasse schmelzen ließen. Wir rannten in die Brandung, suhlten uns im Algenschaum, aßen frische Waffeln mit Sahne und spielten mit Holzschlägern Beach Ball am Strand. Die voll erträgliche Leichtigkeit des Seins.

Es gab eine Strandkirmes. Mein Freund Benjamin und ich fuhren hin. Achterbahn, Breakdance, Buden. Wir verbrachten die meiste Zeit am Autoscooter, standen rum, beobachteten die Autos, die im Stroboskop-durchblitzten Nebel aufeinanderprallten, die anderen Teenager, die wie wir cool gestylt am Rand der Fahrbahn standen. Eine Kulisse aus Dieseljeans und Chevignon-Baseballjacken. Aus den Lautsprechern Matthias Reims »Verdammt, ich lieb dich«.

Gegenüber, auf der anderen Seite der blanken Fahrbahn, stand ein Mädchen mit blonden Haaren. Weite Jeans, Home-Boy-T-Shirt, Baseballcap. Obwohl uns die Fläche mit gleitenden Autoscootern trennte, schauten wir einander gebannt in die Teenageraugen. Benjamin wollte zurück zum Campingplatz. Er fuhr vor, ich blieb. Wir schauten uns weiter an, über Stunden. So kam's mir vor. Und immer wieder blickten wir verlegen weg, um uns dann in den Augen des anderen wiederzufinden. Ich kannte dieses Gefühl nicht, es war mir fremd. Bis zu diesem Tag. Es durchfuhr mich. Komplett.

Als ich nach einer weiteren Runde Verlegen-auf-den-Boden-Starren wieder zu ihr rüberblickte, war sie weg. Unruhe. Wilde Gedankenspiralen. Würde ich sie jemals wiedersehen?

Eine Hand tippte mir auf die rechte Schulter. »Hey, ich bin Fabiana. Hast du Lust, ein bisschen über die Kirmes zu laufen?« Es war das Mädchen, das ich zwei Stunden lang angestarrt hatte. Ich nickte, sie nahm meine Hand. Und wir liefen los.

In einer Songwolke von Snap, Sinead O'Connor, Roxette zog mich Fabiana entschlossen hinter den Musikexpress. Sie drückte mich an die Rückwand und presste ihre Lippen auf meine, tastete sich mit ihrer Zunge vor, während im Hintergrund Maxi Priests »Close to You« lief. Der erste richtige Kuss meines Lebens. Er sollte nie aufhören.

Ich merkte, dass ich schon viel zu spät war. Benjamin und seine Mutter warteten am Strand auf mich. Ich wollte Fabiana nicht zurücklassen, ich wollte bei ihr bleiben, fragte sie, ob sie Lust hätte mitzukommen. Zusammen fuhren wir zur Weißen Düne, sie auf dem Gepäckträger. Der Fahrtwind in meinem Gesicht, ihre Hände an meinen Hüften.

Hand in Hand liefen wir gemeinsam den Holzsteg entlang, die tiefstehende Abendsonne blendete uns. Hinunter zu dem Strandkorb von Benjamins Mutter. Sie stand mit Zigarette im Mund daneben, Sonnenbrand, Sonnenbrille. Als wäre sie gerade direkt aus der Sonne gefallen. Ich stellte Fabiana als meine Freundin vor. »Freundin«, wiederholte Benjamins Mutter mit sehr strenger, lauter Stimme. Sie befahl mir, das Mädchen sofort wieder mit meinem Fahrrad dorthin zurückzubringen, wo ich sie hergeholt hatte.

Mir war die Situation unfassbar peinlich, ich schämte mich vor Fabiana. Vor den anderen Strandgästen.

Ich lief mit ihr zurück zu meinem Fahrrad und setzte sie am Rand der Kirmes ab.

»Wir sehen uns morgen wieder, um drei beim Autoscooter?«, sagte sie zum Abschied. Sie gab mir einen schnellen Kuss auf den Mund, dann verschwand sie in der Menge. Vom Musikexpress schallte »Verdammt, ich lieb dich« rüber. Das lief in diesem Sommer überall, immerzu.

Verdammt, ich war verliebt. Zurück zum Campingplatz. Benjamin und seine Mutter warteten mit dem Abendbrot im Wohnwagen. Während wir aßen, fragte mich die Mutter nochmal, was das denn gewesen war. Ich schaute sie an und sagte, dass ich verliebt sei. »Verliebt. Das fehlt uns gerade noch.«

Ich ging gleich schlafen und konnte nicht aufhören, an Fabiana zu denken. Ich zählte die Stunden, die Minuten, die Sekunden, bis zum Nachmittag. Und fragte mich die ganze Zeit, ob sie das auch gerade so empfand.

Diese Nervosität. Ob die Liebe es bis zum nächsten Treffen schafft. Ob sie dann noch so da ist.

Am nächsten Tag war alles wie am Tag zuvor, nur noch schöner. Wir redeten nicht viel, hielten Händchen und knutschten am Rande der Fahrbahn. Während wir uns küssten, wurde alles ganz still, die Musik verstummte, auch die seifige Stimme des Rekommandeurs. So ging es die ganze Woche. Täglich Autoscooter. Immer wieder Fabiana. Am Montag würde sie um zwölf Uhr abreisen, zurück nach Hause, nach Lüdinghausen bei Münster.

Meine Mutter kam mit genau der Fähre, die Fabi und mich trennen würde. Ein schlechter Tausch. Ich fuhr mit dem Rad zum Hafen, um mich zu verabschieden. Wir hatten einander unsere Festnetznummern aufgeschrieben. Wir wollten uns bald wiedersehen. Treffen ohne App.

Benjamin und seine Mutter waren auch am Anleger: Sie wollten meine Mutter auf der Insel empfangen.

Fabiana und ich umarmten uns, sie gab mir einen langen Kuss. Dann lief sie über die Zugangsbrücke aufs Schiff.

Es war schrecklich. Es war, als hätte ich für einen Moment ein Gefühl gefunden, ein wunderbar irres Gefühl, das mich erlöst hatte von jener kindlichen Melancholie, die mich oft wie ein Schleier umhüllte und ganz taub werden ließ. Ich hatte Angst, dass es mich verlassen würde, dieses wunderbare Gefühl, um nie wiederzukehren.

Ich riss mich zusammen und ging rüber zu den anderen, begrüßte meine Mutter. Auf keinen Fall wollte ich, dass sie etwas von Fabiana erfuhr. Ich wollte meine Gefühle nicht vor ihr zeigen, damit hatte ich keine guten Erfahrungen gemacht.

Und da stand ich nun vor meiner Mutter – und brach in Tränen aus. Benjamins Mutter kommentierte nur süffisant, dass ich wohl Liebeskummer hätte. »Liebeskummer«, wiederholte meine Mutter. »Auch das noch.« Beide lachten sie mich aus. Den ganzen Tag. Meine eigene Mutter. Ihr meine Gefühle gezeigt zu haben, fühlte sich an, als wäre ein Vogel gegen eine Glasscheibe gedonnert. Als flöge er immer wieder dagegen. Ich hing durch, war aufgekratzt, obwohl ich wusste, dass ich Fabi vielleicht tatsächlich wiedersehen würde. Ich heulte. Auch war es, als sei ich an meine Mutter gekettet. Wie mit einem eisernen Schloss. Es hing an keiner Brücke, es hing an meinem Herzen. Den Schlüssel hatte ich nicht.

3

New York

Landeanflug Delta Airlines. JFK Airport NYC. Draußen ist es dunkel. Unter mir das immer wieder funkelnde Lichtermeer von Manhattan. Ich laufe durch die langen, fahlen Gänge und die Grenzkontrollhalle. Der Flughafen ist leer. Geräuschlos. Kein Warten, keine Schlangen. Draußen auf dem Rollfeld die akkurat nebeneinander geparkten American-Airlines-Maschinen. Bedtime. Ich steige ins Taxi, fahre zur Upper West Side. Zu meiner 95-jährigen Tante. Seit zwei Jahren habe ich sie nicht mehr in meine Arme schließen können. Wegen des Virus konnte ich nicht nach Amerika reisen.

Das Taxi stoppt vor der Eingangsmarkise ihres Gebäudes. Joe, einer der Doormen, öffnet die Taxitür und begrüßt mich. »Welcome home, my friend. How have you been?« Wir sprechen kurz, er kündigt mich telefonisch bei meiner Tante an und verabschiedet mich mit den Worten: »You can go up.«

Ich laufe durch die schummerige Beleuchtung der Hallway, steige in den alten Fahrstuhl und klopfe kurz darauf an die angelehnte Tür meiner Tante.

Sie sitzt in ihrem Sessel beim alten Telefon mit dem langen Spiralkabel, lächelt mich an. Ich beuge mich zu ihr runter und umarme sie. Sie ist so klein und zart, dass sie in meiner Umarmung verschwindet. Danach setze ich mich auf ihr neues Ledersofa.

Ich hatte eine Ewigkeit lang nicht gewusst, ob ich sie je wiedersehen würde.

Meine Tante nimmt einen Schluck von ihrem Starbucks-Caramel-Frappuccino. Sie schlürft durch ihren Strohhalm.

Mein Leben lang war sie da. Ihr Zuhause war auch immer meins. Hier bin ich in Sicherheit. Die Vorstellung, dass sie nicht mehr da ist, mein Zuhause verschwindet. Keine gute. Und auch hier grüßt täglich die Liebesgier, aber auf eine andere Art. Meine geliebte Tante, die mir so nah ist, ihre Liebe lässt mich ahnen, wonach ich suche. Eine wie meine Tante. Die mich so liebt, wie ich bin. Täglich telefonieren wir, immer freut sie sich, will wissen, wie es mir geht. Aufmerksamkeit, die sich jeder wünscht. Mit ihr kann ich die Freuden des Lebens teilen, um gute Komplimente ist sie nie verlegen. Auch ich bin liebevoll zu ihr. Es ist ein großzügiges Geben und Nehmen, voller Wärme. Eigentlich ist sie meine Traumfrau, aber gerne ein bisschen jünger und nicht mit mir verwandt.

Toto sitzt neben mir auf dem Sofa und schaut den Stoffhund meiner Tante an. Er ist batteriebetrieben. Fips. Fips bellt. Toto knurrt. Er ist mittlerweile sechzehneinhalb Jahre alt. Mit niemandem in meinem Leben habe ich so viel Zeit verbracht wie mit ihm. Wir teilen uns mein Leben. Meine Tante fragt mich, warum er so traurig schaut. »Würdest du nicht auch traurig schauen, wenn du 24/7 mit mir abhängen müsstest?« Sie lacht und schüttelt den Kopf. Sie bittet mich, direkt neben ihr zu sitzen, auf dem Stuhl, der ganz nah an ihrem Sessel steht. Sie kann nicht mehr so gut hören. Ich setze mich zu ihr, und sie nimmt meine kalte Hand in ihre warme. Zur Melodie von »Jeopardy« nicke ich im Stuhl neben ihr ein.

Ich werde von sanftem Streicheln über meinen Kopf geweckt. Sie lächelt mich an. Wir verabreden uns für den nächsten Tag. Ich gehe zum Lift, zurück durch den Hallway, zu den beiden Doormen. »How is your aunt?«, fragt Joe. »We haven't seen her for a while.« Ich antworte ihnen, dass es ihr gut geht. Dann stehe ich noch eine Weile vor ihrem Haus und blicke auf den dunklen Central Park.

Es schneit. Ich schließe den Reißverschluss meiner Jacke, wickle mir den Schal fest um den Hals und laufe durch den frisch gefallenen Schnee, Richtung Downtown. Toto neben mir. Er liebt die leichten kalten Flocken, weißes Pulver, das aufstäubt. Ich liebe, wie er es liebt.

Gibt es jemanden, der auch liebt, wie ich den Schnee liebe?

Das Gestöber wird dichter. Toto kneift die Knopfaugen zusammen, die dicken Flocken wehen gegen die Gläser meiner Brille. Mittlerweile fahren die Autos im Schritttempo. Mit einem Hitlergruß stoppe ich ein Taxi. Und lasse mich auf die Rückbank fallen.

Aus den Lautsprechern im Taxi dröhnt »Hold the Line« von Toto. »Love isn't always on time.« Ich bin müde von dieser Onlinedatingscheiße. Fast immer wie ein mieses Vorstellungsgespräch. Ohne Emotionen. Wie eine nicht enden wollende Udon-Nudel, die ich angestrengt in mich hineinsauge. Pretty Women. Nur kein Anschluss unter dieser Nummer. Keine Connection. Vielleicht sollte ich mal anfangen, mich mit mir selbst zu connecten.

Ich spüre noch die zärtliche Berührung meiner Tante, das liebevolle Streicheln. Ecke Bowery, East Houston hält das Taxi.

Es hat aufgehört zu schneien. Ich gebe mir selbst eine Ohrfeige, um wach zu bleiben und die Melancholie zu verscheuchen.

Ich habe gleich mein erstes Date in New York. Wir schreiben uns seit zwei Monaten auf einer Dating-App und wissen nicht viel voneinander. Noemi und ich, wir sind um 11 pm bei »Katz's Delicatessen« verabredet.

Toto und ich laufen durch die Lower East Side, durch die blinkende Dunkelheit der Neonlichter und Ampelphasen, die die fetten, aus der Kanalisation aufsteigenden Dampfwolken einfärben. Wir laufen gejetlagged, benommen und gleichzeitig aufgekratzt zu meiner Verabredung.

Entfernt und doch schon nah sehe ich das Schild, die riesigen roten Buchstaben. KATZ'S. Ich öffne die Tür des Lokals, »Where Harry Met Sally«, als ob ich straight in die Achtziger reinlaufe. Das grelle Deckenlicht vermischt sich mit den neongelben, pinken, roten Lichtern der Bierreklamen, die neben den vielen Fotos der Besitzer mit lauter Prominenten hängen. Ein großer langer Raum mit vielen Holztischen, rechts ein langer Tresen mit den Stationen, an denen man die Pastrami-Sandwiches bestellen kann. Ich hole mir eine Diet Pepsi und setze mich an den letzten Tisch, ganz hinten in der Ecke. Toto, dem ich eine Weste mit der Aufschrift »Service Dog« gekauft habe, hat auf dem Weg dorthin, mit dem Po wackelnd, den Boden nach Pastrami abgesucht.

Fast bin ich eingenickt, als ich von dem Gejohle der Gäste aufgeweckt werde. Eine Frau im Superwoman-Kostüm, rote High Heels, Bomberjacke, große Fake Lashes, knalliger Lippenstift und verschmierter Kajal, läuft durch das riesige Lokal auf meinen Tisch zu. Sie zieht mich am Pulloverkragen an sich heran und presst ihre Lippen auf meine, steckt ihre Zunge so tief sie kann in meinen Mund und hört nicht auf mich zu küssen. Es ist Noemi. Sie nimmt meine Hand, zieht mich vom Stuhl hoch, legt ihren Zeigefinger auf meine Lippen, ssshhhhh, und führt Toto und mich aus dem berühmtesten Deli der Welt. Lässig hält sie ein Taxi an, öffnet die Tür und lässt mich und Toto einsteigen. Während der Fahrer Gas gibt, nimmt Noemi ihren Kuss wieder auf, sie krallt sich an mich, liegt halb auf mir. Toto schaut mich ängstlich aus dem schmuddeligen, feuchten Fußraum an. Noemi küsst weiter, sie stöhnt laut. Ich lege meine Hand auf ihren Mund. Auf der Plastikscheibe, die uns vom Fahrer trennt, ein Aufkleber, auf dem steht, dass das Beleidigen von Taxifahrern mit bis zu fünfundzwanzig Jahren Gefängnis bestraft wird. Wenn das in Deutschland umgekehrt auch für Taxifahrer gelten würde, wären fünfundneunzig Prozent der Berliner Taxifahrer hinter Gittern.

Offenbar angekommen, stolpern wir ohne ein Wort in den Hinterhof eines Hauses. Noemi schließt die Tür einer Remise auf. Es ist fast dunkel, sie schubst mich auf das Bett, unter dem sich Toto sofort verkriecht. Sie zerrt wieder an meinem Pullover, aus ihrer Boombox singt Prince »I Would Die 4 U«, sie reißt sich die Kleider vom Leib. Wir fallen übereinander her. Danach fallen wir voneinander ab, liegen auf dem Bett und starren an die Decke zu Prince' »Purple Rain«.

Ich gehe ins Bad, setze mich erstmal hin. An der Innenseite der Tür mehrere Peitschen, ein Lederoverall und eine Katzenmaske. Entweder ist Noemi Musicaldarstellerin bei »Cats« – oder sie ist keine Musicaldarstellerin bei »Cats«.

Ich lege mich wieder zu Noemi ins Bett, die eine Zigarette raucht. Sie fragt mich auf Deutsch, wie es mir geht. »Du sprichst Deutsch?« Sie nickt und erzählt mir ihre Geschichte, dass sie vor fünf Jahren, mit Anfang zwanzig, von Wien nach

New York gezogen ist, dass sie aus einer sehr konservativen Familie kommt und es nun erstmal als Schauspielerin versucht. Ich spreche sie auf die Peitschen im Bad an. Sie fragt mich, ob ich das wirklich wissen will. Ich nicke, und sie zündet sich mit dem fast abgebrannten Stummel der Zigarette die nächste an. Bläst den Rauch durch die Nase aus, hell zeichnet er sich vor dem hereinfallenden Licht des Vollmonds ab. Sie schaut mich an. »Ich arbeite als Domina, ich wurde von jemandem in der Bar, in der ich arbeitete, angesprochen. Meine Kunden wollen ihre schmutzigen Fantasien ausleben, und ich soll sie dominieren. Ich kann das nicht mehr. Ich will das nicht mehr.« Sie bricht in Tränen aus. Toto kriecht aus seinem Unter-dem-Bett-Versteck hervor, das nur aus seiner Sicht ein Versteck ist, da wir ja wissen, wo er ist, und legt sich auf Noemis Schoß. Noemi bittet mich zu gehen. Ich frage, ob ich irgendetwas für sie tun kann. »Nein«, antwortet sie.

Draußen auf der Straße schauen Toto und ich zum Vollmond hoch. Mit dem Taxi fahren wir zum Mariott Courtyard Hotel an der 55th Street. Im Hotelzimmer angekommen, legen wir uns auf das Bett und schauen aus dem 62. Stock auf den Times Square. Ich will Noemi schreiben, um zu fragen, ob alles okay ist. Ihr Profil ist verschwunden.

Eigentlich müsste ich traurig sein, mein Schutzmechanismus setzt ein, er hat mich abstumpfen lassen. Mich wundert gar nichts mehr.

Noch in anderen Zeitzonen unterwegs, nicke ich ein, mein Telefon fällt auf den Boden, ich schrecke hoch, hebe es auf und nicke wieder erschöpft ein. Wieder rutscht es runter. Ich wache auf. Hebe es auf. Dann nicke ich wieder ein, fahre wieder auf. Schaue in Totos Augen. Toto starrt mein Gesicht an, wie es im fahlen Licht des Bildschirms vor ihm schwimmt.

Das Telefon ist immer in meiner Hand. Ich lasse es nicht los. Ich nehme es mit. Überallhin. Ein kabelloses Kuscheltier, ohne Plüsch. Harte Schale, harter Kern. Warm von der Nutzung, von innen kalt. Ich halte mich an ihm fest.

Mein iPhone, mein Komplize bei der Enteignung von Liebe. Dating-Apps. Ich stelle mich aus, will fühlen. Und mache mich und auch andere zu einem wegwerfbaren Produkt.

Dates, Chats: weniger ein wirkliches Kennenlernen, stattdessen ein Abfragen von Eckdaten, des Offensichtlichen.

Beim Treffen den Filter »Eigenen Trümmerhaufen verstecken« drüberlegen. Und dann panisch die »Liebe« mit einem 3-Euro-Schloss vom Baumarkt an einer rostigen Brücke befestigen, verfestigen. Einschließen wollen.

Das Gegenteil von dem, was Liebe ist.

4

Berlin

Es ist spätabends, ich schaue aus meinem Fenster von oben auf die Baumkronen am Ku'damm, von der anderen Straßenseite schimmert die rot-weiße Neonreklame von »Bier's 195« durch die Blätter, Berlins berühmter Schampus-Currywurst-Bude. Toto sitzt wie eine Katze auf der Fensterbank, von hinten sieht die Silhouette seines Kopfes aus wie ein kleiner Batman. Er hat mein Leben gerettet. Bis auf zwei Matratzen und einen Sessel, der ein Vermögen gekostet hat, ist meine Wohnung leer, vor kurzem habe ich all meine Möbel weggeworfen. Eine WhatsApp-Nachricht von Maja, sie landet mit einer späten Maschine aus Paris, fragt, ob wir uns zur Kofferübergabe treffen können. Ich frage, wann genau sie ankommt, setze mich ins Auto und fahre als Empfangskomitee zum neuen Berliner Flughafen. Ich muss an Tegel denken. Erinnerungen an meine Kindheit, wenn man vom Westen über den Osten nach West-Berlin flog, abends landete und die gelben Schilder der vielen vanillefarbenen wartenden Taxen den Flughafen in ein schimmerndes Licht tauchten. Schiebetüren öffneten sich, und Verwandte oder Freunde warteten auf einen. Geborgenheit im Ritual.

Eben diese Türen öffnen sich jetzt, und Maja erscheint. Sie trägt einen Dior-Jogginganzug in Hellrosa, High Heels, Fußkettchen, einen Mantel mit Pelzkragen, Rucksack. Dann noch eine Disneyland-Paris-Basecap. Wir lächeln, begrüßen uns ohne Berührung. Toto springt sie an, erkennt sie wieder, freut sich, sie zu sehen. Im Auto, Radio Paradiso, »Mandy« von Barry Manilow. Ich frage Maja, ob sie Hunger hat. Sie nickt. Wir laufen über die Straße, zur Currywurst.

Bei einem mürrisch dreinschauenden, glatzköpfigen Typ im schwarzen Poloshirt mit Deutschland-Hosenträgern bestelle ich zwei Würste ohne Darm mit Pommes rot-weiß.

In rotzigem Berlinerisch fragt er, ob der Hund 'ne Gratiswurst will. Toto wedelt mit dem flauschigen Schwanz.

Draußen am Stehtisch schlingt Maja, ähnlich wie Toto, die Wurst hungrig in sich hinein. Sie entschuldigt sich und sagt, dass sie schon ziemlich lange nichts mehr gegessen hat.

Im uralten kleinen Fahrstuhl stehen wir nah beieinander, mein Parfum vermischt sich mit ihrem. Wir senken die Köpfe, während sich die Kabine ächzend nach oben schiebt. Wir schweigen verlegen.

Maja geht ins Bad. Auf die eine Matratze habe ich ihr frisches Bettzeug gelegt. Daneben ihr Koffer und die Bankerleuchte mit dem grünen schwenkbaren Schirm.

Ich setze mich in den Sessel, Toto setzt sich auf Majas Bett. Sie kommt aus dem Bad und setzt sich auf mich in den Sessel, umarmt mich sehr fest mit ihren volltätowierten Armen.

Es fühlt sich gut an. Und gleichzeitig nach nichts. Wir sprechen über die letzten Wochen, über Paris.

Am nächsten Morgen werde ich wieder dorthin aufbrechen. Ich biete Maja an, in meiner Wohnung zu bleiben. Erstmal will sie als Sexarbeiterin aufhören, sie wird in einem Stripclub auf der Potsdamer Straße tanzen.

Während sie von ihren Zukunftsplänen erzählt, schläft sie auf meinem Schoß ein. Ich trage sie zu ihrer Matratze, decke sie zu, gebe ihr einen Kuss auf die Stirn. Und lege mich in mein Zimmer, auf meine Matratze.

Am Morgen schleiche ich mich mit meinem Koffer und Toto an der Leine hinaus auf den Ku'damm. Es nieselt. Schampus gibt's im 195 erst ab elf.

5

Emsland

Ich war fünfzehn. Ein weiteres, tristes Wochenende im Emsland. Erst im Café Eigler vorglühen, dann in die Albershalle, ein stillgelegtes Spanplattenwerk. Heute war NDR-2-Party. DJ Uwe legte auf, abwechselnd mit der Top-40-Band »Just an Affair«. Immer wieder die pomadige Evergreen-Frage »Seid ihr gut drauf?«, gefolgt von der größten Lüge der Liveunterhaltung, dem guten, alten »Ich kann euch nicht hören«.

Highlight dieses Abends: Eine Paris-Reise für zwei Personen sollte verlost werden. Gesucht wurden dafür drei Männer. Ich warf den Arm in die Luft und lief vor zur Bühne. Und tatsächlich – der NDR-2-Moderator zeigte auch auf mich und bat mich hoch. Nachdem er die drei Kandidaten begrüßt hatte, erläuterte er die Challenge: Wer als Erster als perfekt zurechtgemachte Frau wieder in der Halle auftauchte, würde die Reise gewinnen.

Er gab das Startsignal. Ich rannte durch die Menge, raus zu meinem Fahrrad, ich wollte diese Reise. Ich wohnte nicht weit entfernt. Meine Eltern waren nicht zu Hause. Schwer atmend schloss ich unsere Haustür auf, raste die Treppen hoch, durch den Flur ins große Schlafzimmer – und dann in den begehbaren Kleiderschrank meiner Mutter, ein Heiligtum und für mich absolut tabu. Immer wieder, wenn sie unterwegs war, ging ich in diesen Raum, der angefüllt war von ihrem Duft, und fühlte mich ihr nahe. Hier war es still, hier konnte ich sie treffen, ohne sie zu treffen, konnte ihr begegnen.

Jetzt durchwühlte ich ihre Kleidung, riss Schubladen auf, griff mir Netzstrümpfe, einen Rock, BH, ein Top und Stöckelschuhe, dann ins Bad. Dort öffnete ich den weißen Samsonite-Kosmetikkoffer. Ich trug Rouge auf, Lidschatten, benutzte schwarzen Kajal und einen sehr roten Lippenstift. Ich band meine langen Locken mit einem Haarband zusammen und betrachtete mich im Spiegel. Die Frau, die mir entgegenblickte, sie gefiel mir. Noch zwei Sprühstöße aus dem Parfumflakon meiner Mutter. Und los!

Mit den Stöckelschuhen in der Hand rannte ich zum Fahrrad, radelte zurück zur Albershalle. Ich war im Rausch. Ich wollte diese Reise. Am Rand der Bühne angekommen, die Band spielte Europes »Final Countdown«, gab mir der Moderator ein Signal, kurz zu warten, gleich sollten wir gemeinsam auf die Bühne. Tosender Applaus.

Der Host riss ein paar Sprüche. Da stand ich im Spotlight. Ich fühlte mich wohl in der Kleidung meiner Mutter. Ich war die Frau, die jetzt gerade für mich da war. Eingehüllt im Cartier-Parfum meiner Mutter. Dass sie nicht da war, fühlte sich auch gut an.

Die anderen beiden Typen tauchten gar nicht wieder auf. Der DJ spielte »It's Raining Men«, Konfetti – und ich bekam den Preis, den Gutschein für die Paris-Reise. Ich hielt ihn in meiner Teenagerhand und war überglücklich.

Als etwas kleinere Version meiner Mutter verließ ich die Halle, ein Typ steckte mir noch seine Nummer zu.

Zu Hause angekommen, ging ich sofort in den Kleiderschrank meiner Mutter, zog alles aus, faltete es akkurat zusammen und legte es wieder zurück. Als hätte es diesen Moment der Nähe nie gegeben.

6

Paris

Am frühen Morgen kommen wir mit dem Zug am Gare du Nord an. Paris ist noch da. Die Stühle vor den Cafés, die Glühbirnengirlanden, die grünen Lichter auf den Taxidächern, der Lärm, die knatternden Roller, die Toto zusammenzucken lassen, er hasst diese Stadt. In der linken Hand meinen Rollkoffer, in der rechten seine Leine, schaue ich zu Toto. Er schaut mit eingezogenem Schwanz zu mir hoch, als wenn er mich fragen möchte: »Ist das dein Ernst, dass du mich in diese Stadt zurückbringst?«

Wir nehmen ein Taxi zum Café de Flore. Durch das leicht geöffnete Fenster bläst der noch zu kühle Pariser Frühlingswind mir ins Gesicht. Mein Blick streift an den Haussmann'schen Fassaden entlang, von den Abgasen etwas dunkel verschleiert. Ich shazame das traurige Lied, das aus den alten Lautsprechern des Autoradios erklingt. Gérard Depardieus »Dis, quand reviendras-tu?« – sag mir, wann kommst du zurück. Irre, ein Chansonier schreibt ein Liebeslied, und das spricht dann Millionen von Menschen, jungen und alten, aus der Seele, gibt ihrem Gefühl von Liebe, oder auch dem Kummer nicht erwiderter Liebe, Ausdruck.

Ein Freund hat die Theorie, dass der Typus, auf den ich stehe, das Resultat meines »Nacktfilmchenguckverhaltens« ist, wie er es nennt. Kompletter Schwachsinn. In meinem Kopf existierte das Bild schon vor diesen Filmen. Meine Theorie: Ihm liegt das Aussehen meiner jungen Mutter zugrunde. Ich fand sie nämlich wunderschön, anders als ihr Verhalten. Das hat dem Idealbild keinen Abbruch getan – im Hier und Jetzt treffe ich immer wieder die Illusion der besseren Version meiner Mutter, aber dann fällt mir der Rest, die andere Seite – ihr wenig liebevolles Verhalten – immer schnell wieder ein.

Angekommen beim Flore, setzen wir uns an den einzigen freien Tisch auf der gefüllten Terrasse. Sonnenbrillen, in denen sich der Schriftzug der Brasserie Lipp von gegenüber widerspiegelt, alle schauen sie zufrieden hoch, hoch zur Sonne.

Eva ist nie zurückgekommen, wie auch, sie war nie da. Eine ältere Dame bleibt mit ihrem Rollator vor unserem Tisch stehen, sie trägt einen roten Pelzmantel, eine riesige Chanel-Sonnenbrille, dunkelblauen Lippenstift, eine weiße Perlenkette, die weich auf ihrem lilafarbenen Rollkragenpullover aufliegt. Ich habe sie schon beim letzten Besuch gesehen. Sie nimmt ihre Sonnenbrille ab, blickt mich mit ihren traurigen braunen Augen an und sagt etwas auf Französisch, während sie auf Toto zeigt. Eine Frau neben mir übersetzt, die Dame habe selbst einen Yorkshireterrier gehabt, er sei verstorben und Toto erinnere sie an ihn. Tränen blitzen in den Augen der Dame. Ihre Geschichte macht mich traurig, noch trauriger macht mich der Gedanke, dass Toto auch bald nicht mehr da sein könnte. Mein Herz zieht sich zusammen. Ein Leben ohne Toto, unvorstellbar. Ich stehe auf und umarme sie. Sie blickt Toto an und streichelt ihn. Dann setzt sie ihre große Brille wieder auf und geht schweigend mit ihrem Rollator langsam zum Hauseingang neben den Tischen. Sie wohnt tatsächlich über dem Café Flore. Ich wohne in Berlin auch über einem schönen Café, tagtäglich laufe ich mit hängendem Gesicht daran vorbei, viel öfter sollte ich hineingehen, um genau das Gefühl herbeizuzaubern, das ich jetzt hier in Paris habe.

Heute Abend werde ich »I am the animal«-Clara vom Flughafen wiedertreffen – wenn sie denn kommt. Wenn sie nicht kommt, kommt vielleicht jemand von der Dating-App. Eigentlich bin ich zum Schreiben zurück nach Paris. Eigentlich stimmt das nicht. Ich bin wegen Clara zurück nach Paris gekommen.

Am frühen Abend laufe ich durch die schmale Gasse zu diesem kleinen Restaurant, wo jeden Abend Live-Musik gespielt wird. Clara hockt auf einem Poller davor, der Wind lässt ihr Gesicht hinter dem Rauch ihrer elektronischen Zigarette verschwinden. Unsere kalten Wangen berühren sich bei den Begrüßungsküssen, während Blue-Raspberry-Vape-Duft in den Himmel zieht. Toto begrüßt Clara. »He is a old dog?«, fragt sie. »Schätz mal, wie alt er ist«, sage ich. Clara hebt ihren Zeigefinger und bewegt ihn hin und her: »No, I don't want to hurt his feelings.«

Wir gehen in das Restaurant hinein. Das Licht abgedunkelt, die Tische mit Kerzen und rotweiß karierten Decken sind eng aneinandergereiht, inmitten des Restaurants steht ein Flügel. Der Saxofonist und der Pianist spielen Sacha Distels »La belle vie«. Unser Tisch ist in einer Sofanische ganz hinten, weit genug weg, um sich zu unterhalten, nah genug, um den Hauch des Saxofons zu spüren.

Toto hat schon mit Clara auf der Bank Platz genommen, ich setze mich daneben, übereck.

Clara erzählt, dass sie auch einen Hund hatte, dass er gestorben ist. Schon wieder ein toter Hund. Ihre Eltern leben auch nicht mehr. Sie vermisst ausschließlich ihren Hund. Sie hatte kein gutes Verhältnis zu ihrer Mutter. Ich nicke und presse die Lippen zusammen. Ich höre ihr gern zu, vieles, was sie sagt, ist schön, fertig gedacht und bleibt doch offen, ermöglicht das Gespräch.

Nachdem wir bestellt haben und Clara mir ausführlich erzählt hat, dass sie erst einmal auf absehbare, ja auf lange Zeit in keiner Beziehung sein will, kommt ein Rosenverkäufer an den Tisch. Ich lehne ab. Klar, wenn du die Illusion der Romantik ablehnst, denkt deine Begleitung vermutlich, du bist unromantisch. Dabei gibt es nichts Unromantischeres als einen gebeutelten Typen an deinem Tisch, der dich anschaut, als ob du mit dem Kauf einer Rose über seine Abschiebung entscheidest. Ich will das Ding auf keinen Fall.

Clara erzählt weiter über ihre Familie aus Antwerpen. Über ihre Heroinsucht, die sie heute im Griff hat. Ich wundere mich, wie beiläufig sie darüber spricht, und denke gleichzeitig, dass das wohl die beste Art ist, damit umzugehen. Sie wirkt so klar, und dann wieder so zerbrechlich. Sie fasziniert mich. Und es ist lange her, dass ich jemandem so gerne zugehört habe. Gleichzeitig spüre ich, dass ich gar nicht bereit bin, mich zu verlieben. Zumindest nicht in sie.

Sie fragt mich, warum ich sie wiedersehen wollte. »Einfach so, weil ich dich interessant fand.«

Sie möchte sicher sein, dass ich kein romantisches Interesse an ihr habe.

Toto würgt und übergibt sich in meine Hand, die ich ihm schnell als Behelfsschale hinhalte.

Wir verlassen das Restaurant. »Is e oke?«, fragt Clara vorsichtig. Am liebsten möchte ich mich auch übergeben. Kann man Menschen begegnen, ohne sofort eingeordnet zu werden? Mache ich selbst natürlich auch.

Wir laufen ein paar Schritte vor, zum Café de Flore, wo wir beide noch eine Coke Zero trinken. Ein Obdachloser kommt an den Tisch, ich zücke mein Kartenetui, um einen Schein rauszuholen.

Vom Tisch gegenüber ruft mir ein junger Mann in miesem Englisch zu, dass ich dem Mann auf keinen Fall Geld geben soll, damit er schneller verschwindet. Ich brülle ihn an, dass er sich raushalten soll, und gebe dem Bedürftigen, der unbeteiligt schaut, den Schein. Jetzt fährt Clara mich an und weist mich mit erhobener Stimme zurecht. Sie will mir ernsthaft erklären, dass der mittellose Mann ein Taschendieb sei.

So ein Schwachsinn. Und überhaupt – wennschon!

Ich zahle rasch. Wir laufen noch ein paar Schritte gemeinsam den Boulevard entlang. Beide noch benommen von der Situation, verabschieden wir uns knapp und eher kühl. Toto und ich laufen noch ein Stück, setzen uns vor einer Kirche auf eine Bank.

Ich starre auf mein Handy, einerseits noch vom Glück ergriffen, Clara getroffen zu haben, andererseits abgefuckt über die Art der Zurückweisung. Ich sollte aufhören, die Situationen mit einerseits und andererseits zu bewerten.

Und täglich grüßt die Liebesgier. Ich öffne meine Dating-

App. Keine neuen Matches. Dating-Apps, die Bequemlichkeit, jemanden abzugreifen, ohne greifbar zu sein. Der, die Nächste, mit dem, mit der ich mich nicht auseinandersetzen muss.

Mein Blick fällt von meinem Handy auf die schönen alten Platten des breiten Pariser Bürgersteigs, und dann auf zwei Damenschuhe, in ihnen stecken schlanke Waden in sehr schwarzen Strumpfhosen. Ich schaue hoch: Vor mir steht eine Frau in einer Art Gewand, als Kopfbedeckung trägt sie eine Haube. Sie fragt mich, ob sie sich zu mir setzen darf. »Sure.« Sie setzt sich ganz nah neben mich, nimmt meine Hand. Toto springt sie an und versucht, seinen Kopf in ihren Schoß zu wuscheln.

Ich lege meinen Arm um sie, und sie lehnt ihren Kopf an mich. Es fühlt sich gut an. Vertraut. Ihre Hand auf meiner Haut, wie Tavor. Wie die bedingungslose Zuneigung meiner Tante, auf ihrem Sofa an der Upper West Side.

Leise fragt sie mich, ob wir vielleicht ein paar Schritte gehen können. Gemeinsam laufen wir die Straße hinunter. Halten uns an den Händen. Wir laufen durch die automatische Tür meines Hotels, durch die Lobby und vorbei an dem müden Nachtportier in den Fahrstuhl. In mein dunkles Zimmer, das lediglich von den Lichtern der Straße erleuchtet ist. Sie lassen Fensterkreuzschatten an der Decke vorbeihuschen. Die Fremde legt sich in ihrem schwarzen Kleid auf das weiße Bettlaken. Ich öffne die hohen, alten Fenster weit, ziehe meine Jacke aus, stelle Queens »Essentials« an. Lege mich zu ihr aufs Bett. Wie Catwoman vor dem Schlafengehen, nimmt sie ihre Haube ab, und wir fallen in eine niemals enden wollende Umarmung.

Aus dem kleinen, portablen Lautsprecher jetzt »Under Pressure«, laut. Bowie und Mercury fragen: »Can't we give ourselves one more chance? Why can't we give ourselves one more chance? Why can't we give love, give love, give love, give love, give love, give love, give love, give love, give love ...«

Unsere Gesichter nah beieinander, singen wir uns an: »Give love, give love, give love, give love.«

Von Sonnenstrahlen werde ich geweckt. Im Hintergrund läuft immer noch Queen, »Too Much Love Will Kill You«, die Fremde ist weg. Ich rufe wiederholt »Hallo« ins Hotelzimmer. Sie ist weg.

Toto fängt wieder an zu würgen und übergibt sich ins Bett. Ich ziehe mich an, rufe ein Taxi. Und wir fahren durch die hellen Boulevards zum nächsten Tierarzt.

Ich öffne die kleine hölzerne Tür zur Praxis und höre ein altmodisches Klingelgeräusch. Die Rezeption befindet sich gleich hinter der Tür in einem Minizimmer, daneben das Miniwartezimmer und darin vier Designerstühle mit dunkelgrünem filzartigem Bezug. Nichts erinnert an eine Tierarztpraxis. Toto zittert trotzdem. Er riecht Tierarzt. Mag er nicht. Eine Assistentin mit lilafarbenem Kittel und lila Maske erscheint hinter der Rezeption. Sie führt mich direkt ins Behandlungszimmer. Dort wartet ein sehr alter Tierarzt, er könnte mein Uropa sein. Während ich Toto auf den Behandlungstisch hebe, bemerke ich, wie seine Hände zittern. Mein Hund zittert sowieso, ich jetzt auch. Die Assistentin streichelt Toto. Jetzt sprechen beide beschwichtigend auf Französisch und tasten ihn ab.

Der Arzt untersucht Toto gründlich, misst Fieber und

nimmt auch etwas Blut ab. Nach dem Wochenende sollen wir nochmal vorstellig werden.

Ein Chanson ohne Musik, diese sanfte Ansprache, die zarte Berührung, kompromisslos freundlich.

Die Assistentin fragt mich nach meinem Kontakt für die Blutwerte. Und ich gebe ihr meine Nummer.

Ich weiß nicht, warum. Aber ich versuche es nochmal: Für den nächsten Abend habe ich mich wieder mit Clara verabredet. Ich sitze vor dem Café Les Saint-Germain und warte auf sie. Wir wollen ins Moulin Rouge. Eine WhatsApp-Nachricht. Sie fühlt sich nicht gut, sagt ab.

Und dann eine Nachricht aus der Tierarztpraxis. Von der Assistentin. Totos Werte seien okay. Sie wünscht mir noch eine schöne Zeit in Paris. Ich bedanke mich, schreibe zurück, dass die Zeit gerade nicht so schön sei. Kurze Pause, offenbar wird sie stutzig, wie ich es mir erhofft hatte, und fragt, was los sei. »Nichts ist los. Meine Begleitung hat mich versetzt. Zum Moulin Rouge muss ich jetzt wohl alleine.«

Die Assistentin bietet sich als Ersatz an. Fast perfekt. Wir wollen uns kurz vor dreiundzwanzig Uhr vor der leuchtenden Mühle treffen. Mir fällt ein, dass ich ja gar nicht so richtig weiß, wie sie aussieht.

Jemand tippt mir auf die Schulter. Es ist die Assistentin, sie trägt einen schwarzen Mantel, schwarze Stiefel, ihr Haar dunkelbraun, glatt und sehr lang, Sommersprossen auf der Nase. Und die Augen, an die ich mich natürlich erinnere. Alles diesmal ohne Maske. Wir stellen uns in die Schlange vor dem Theater, unterhalten uns. Sie sagt, dass sie sich freut, ihr Englisch etwas auffrischen zu können.

Wir betreten den Saal, hunderte von kleinen Tischen, auf denen kleine Lampen mit orangefarbenem Schirm stehen, ähnlich wie im Speisewagen der Deutschen Bahn in den achtziger Jahren. Wir werden an einem Tisch mitten im Raum platziert, eine Flasche Champagner wird serviert, das Licht geht aus, und der Vorhang hebt sich. Das Publikum johlt, tobt, klatscht. Ich spüre die Energie, die Entladung um uns herum. Wir erleben eine der ersten Shows seit Corona. Bombe. Wie eine vergessene Zeit, nach einer vergessenen Zeit.

Zu einem 80er Italo-Pop-Beat betreten immer mehr Tänzer und Tänzerinnen mit pinkfarbenen Kostümen und rosa Federboas, überschüttet von silbernem Glitzer, die Bühne: »Paris danse danse, Paris … danse.« Magic. Die Assistentin lächelt mich an, reicht mir das eine Champagnerglas, wir stoßen an, sie küsst mich auf die Wange. Haucht mir ins Ohr, dass das alles so wunderschön sei. Und dass sie das erste Mal hier sei.

Ein Kellner stolpert mit seinem vollen Tablett und stürzt auf meine Begleitung. Überall Glas. Sie bleibt ruhig, wie mit Toto in der Praxis. Ich tupfe sie mit der Tischdecke ab, sie ist ganz nass. Ich biete ihr an, dass wir zu meinem Hotel fahren, da könnte sie sich frisch machen. Sie willigt ein.

Die Assistentin verschwindet ins Bad, und ich suche ihr schon mal Unterhose, Jogginghose, Sweatshirt raus. Durch den Duschnebel wabert Rosalía. Ich reiche ihr die Klamotten rein.

Als sie rauskommt, schaut sie sich erst einmal um, als fragte sie sich, ob ich noch da bin. Als ich verkleidet, setzt sie sich aufs Bett. »Ich habe Lust zu tanzen, hast du auch Lust?«, sagt sie. Ein Bekannter von mir legt heute Nacht im »La Bellevilloise« auf. Ich schicke ihm eine WhatsApp. Er schreibt, wir sollen vorbeikommen.

Ich öffne die kleine Champagnerflasche aus der Minibar. Wir stoßen an und tänzeln Hand in Hand über den Flur zum Fahrstuhl. Im kleinen Fahrstuhl rieche ich an ihr. »It's fresh«, sage ich etwas einfältig, und sie fängt an, Kool and the Gangs »Fresh« zu singen. Unser Uber wartet vor dem Eingang, ich öffne ihr die Tür.

Die Fenster sind ganz offen und lassen den Nachtwind durch unsere Gemüter ziehen. Der Fahrer hat »Radio Nostalgie« laufen, und die ersten Klänge der Drums von »Fresh« erklingen. What a happy coincidence! Sie flippt aus, wir tanzen im Sitzen, während wir an den mit Lichtergirlanden erleuchteten Cafés und ihren bunten Neonschriftzügen vorbeirauschen. »Paris never sleeps«, sagt sie mit rauer Stimme.

Vor dem Club wartet mein DJ-Freund mit den Bändchen auf uns. Er muss gleich auflegen, und wir folgen ihm auf die Bühne. Der erste Song, Bombe, die Leute flippen aus. Frauen, Männer springen auf die Bühne, tanzen. Wie der erste Tanz des Hochzeitspaares, nur komplett verballert.

Ich hole uns Drinks, sie tanzt, ich tanze, wir berühren uns immer wieder, sie lächelt mich an, ich lächle sie an. Mir fällt es oft schwer, zu lächeln. Die letzten Jahre hab' ich zu viel nachgedacht und zu wenig gelächelt. War aber schon immer so, die Strenge meiner Mutter und die Angstmacherei meines Vaters, sie haben ihre Spuren hinterlassen. Außerdem sehe ich beim Lächeln wie ein aufgequollener Biber aus. Das macht verlegen.

Während wir zu Purple Disco Machines »Emotion« tanzen, verhaken sich unsere Blicke. Wir sind ganz nah beieinander, fast berühren sich unsere Lippen. Ein Krampf durchfährt mich. Ich verziehe mich in eine Ecke, muss mich übergeben. Das war wohl ein Bismarckhering zu viel.

Stille im Auto auf dem Weg zurück zum Hotel, trotzdem nimmt sie meine Hand.

Dort angekommen, räkelt sie sich in den Kissen, fragt mich, ob ich mich nicht zu ihr legen will. Ich sitze am Schreibtisch, bin angespannt, starre auf die Straße und denke nach. Eigentlich muss ich mir jetzt erstmal die Zähne putzen. Es ist alles gut. Aber das alte Misstrauen meldet sich. Kann überhaupt alles gut sein? Und muss es das? »Alles wird gut.« Was für ein abgefuckter Kalenderspruch.

Immer alles schönreden. Zurechtgelegtes, um sich kurz zu beruhigen. Warum nicht einfach auch mal sagen, ist Scheiße. Ist okay. Und dann weiter.

Müde von der eigenen Gedankenlasagne, setze ich mich zu ihr aufs Bett. Lasse mich fallen. Unsere Wangen berühren sich, unsere Lippen fast. Wieder. Dieser schöne Moment, der schönste, vor dem ersten Kuss. Wir verpassen ihn und schlafen beide gleichzeitig ein.

7

Barcelona

Während mich das Taxi vom Flughafen Richtung Las Ramblas zu meinem Hotel fährt, schaue ich auf mein Display, meine Dating-App. Amy, tätowiert, Brasilianerin in Barcelona, Profil: Looking for Love. Only serious relationship. Nach einem kurzen Chat sendet sie mir ihre WhatsApp-Nummer. Wir schreiben weiter hin und her. Neben dem Hotel eine Kirche mit einem kleinen Vorplatz, auf dem eine Frau Tauben füttert. Auf dem heißen Asphalt ein wogendes Meer dunkelgrauer Tauben. Unzählbar.

Amy schickt mir ein paar Fotos in Unterwäsche. Sie schreibt, dass sie Tänzerin ist und Fun sucht. Ich gehe mit, bin aber etwas irritiert – nach ihrer Profilbeschreibung sucht sie ja eigentlich Love.

Ich frage sie, ob wir zusammen etwas essen gehen wollen.

Sie antwortet: 150$, okay?

Ich frage sie, was das beinhaltet. Ihre Antwort: Das beinhaltet, dass sie Fotos von sich schickt, auch Sex-Videos, und ich mit ihr ein Videotelefonat machen kann.

Ich antworte ihr, dass ich auf so was nicht stehe, sie mich im Gegenzug für 150 Euro treffen kann. Dann schicke ich ihr Videos von meinem Hund und biete ihr an, gegen 100 Euro noch mehr Dogcontent zu senden.

Unser Match ist gelöscht, meine Nummer blockiert.

Spätabends sitze ich in einem lauten Restaurant und starre auf die Hummer. Ihre Scheren sind zusammengebunden, sie starren aus dem schmuddeligen Aquarium zurück, während ich irgendwas Ungenießbares in mich hineinstopfe. Keine lucky Lobsters.

Wenn Hummer weinen könnten, würde man ihre Tränen im Wasser nicht sehen. Hummer können Schmerz empfinden, sie erinnern sich an Schmerzen. Und können auch Angst empfinden. Wenn sie Sprungfedern hätten, könnten sie ihrem Tod entkommen. Ich brauche auch Sprungfedern. Raus aus meinem Wassertopf. »Lucky lobsters swimming in the sea. Alive and free.«

Vielleicht haben Hummer Dating-Apps erfunden. Paarungen bei Hummern dauern zwischen acht Sekunden und einer Minute, das Vorspiel eine Woche, da das Hummerweibchen für die Paarung den Panzer abwerfen muss.

Lebendig werden sie gekocht, durch das Kochen nehmen sie ihre rote Farbe an. Hummer sind eigentlich olivgrün, von einem kräftigen Blau, Weiß oder Gelb.

Ich schaue auf mein Display, wieder mal, und sehe meine Reflexion im hummerroten Logo der Dating-App.

8
Holland

Als ich fast achtzehn war, wir lebten an der holländischen Grenze, fuhren wir mit meinen Freunden alle paar Tage rüber in eine Kleinstadt. Kiffen, dann Febo-Automaten-Essen und noch in die Straße mit den Sexarbeiterinnen. Ich wollte nur dabei sein, ich kiffte nicht, freute mich aber auf die kleinen Chocomel-Glasflaschen. Auch auf den panierten Käse aus den Automaten. Ich ging immer mit zur Straße mit den Frauen, aber nie rein. Meine Erziehung – keine Waffen, keine Drogen, keine gekaufte Liebe.

Ich wartete auf meine Freunde.

An einem Abend kurz nach meinem siebzehnten Geburtstag, ich wartete wie sonst auch draußen, merkte ich, dass eine Sexarbeiterin Blickkontakt mit mir suchte. Sie lächelte mich aus ihrem rot beleuchteten Fenster an und winkte mich heran.

Ich erinnere mich nicht mehr an ihr Aussehen, nur an ihre Art, sie war freundlich und öffnete mir die Tür. Drinnen war es warm, kuschelig, gemütlich, es roch nach süßlichem Parfum. Wir stiegen die steile Holztreppe hoch, die direkt in ihr Zimmer führte. Ich gab ihr fünfzig Mark.

Es hatte nichts mit Geilheit zu tun. Es war das erste Mal, dass ich mich in der Nähe einer Frau wie ein Mann fühlte, einfach okay, so wie ich da saß, und je länger ich hier auf der Bettkante wartete, während sie im Bad war, desto wohler, richtiger fühlte ich mich. Ich hatte für ein gutes Gefühl bezahlt, für Harmonie. Ich bekam sie. Hier, von dem Bett dieser Sexarbeiterin aus, hasste ich meine Mutter noch mehr.

Einfach zum Einschlafen zu sagen, du bist okay, mein Sohn. Ich hab dich lieb. Unvorstellbar.

Okay, ich habe verstanden. Bloß – verstehen reicht nicht. Wenn ich es nicht fühle, fühle ich nichts. Ich fühle oft das Falsche. Meine Eltern haben mir ihre Störungen, ihre Ängste, als normal verkauft.

9

New York

Ich kann nicht schlafen, Toto schnarcht. Er hat keinen Jetlag.

Ich gehe aus dem Zimmer über den Flur zum Fahrstuhl. Beim Runterfahren halte ich mir die Nase zu und versuche dabei auszuatmen, um den Druck auf den Ohren loszuwerden. Der Fahrstuhl rast hinab. Unten angekommen, laufe ich durch die kühle Frühsommerluft zur Parallelstraße des Broadway, an der Ecke befindet sich ein 24-Stunden-Diner.

Es hat aufgehört zu regnen. Die Pfützen schimmern bunt durch die Nacht. Ich bestelle eine Hühnersuppe. In meiner rechten Hand der Löffel, in der linken mein Handy. Ich blicke vom Display auf zu den Ampeln. Rot, orange, grün. Grün, orange, rot. Alles blinkt, auch die Pfützen. Die Gedanken bei meiner Tante – je näher ich ihr bin, desto mehr verdränge ich ihre Endlichkeit. Genauso ist es mit Toto, wenn er seinen kleinen flauschigen Körper an mich schmiegt, verdränge ich, dass er irgendwann nicht mehr bei mir sein wird, bald.

Zwischen zwei Toden blicke ich zurück auf mein Handydisplay.

Ein Freund hat mir diese Dating-App empfohlen, wo es nur um Sex geht. Das sei irgendwie ehrlicher. Und unkomplizierter, sagte er. Ein Match. Amanda. Brooklyn. Sie fragt, ob wir uns noch in dieser Nacht treffen können. Sie schreibt, dass sie jemanden sucht, der es ihr hart besorgt. Mich turnt so ein Sprech eigentlich ab, aber ich bin neugierig.

Sie fragt, wo ich mich befinde, ich schicke ihr meinen

Standort per WhatsApp. Sie fragt, ob wir uns in etwa einer Stunde bei mir treffen können. Ich bin einverstanden.

Ich laufe zurück zum Hotel, während es wieder anfängt zu regnen. Aus meinem Kopfhörer das seltsam monotone Klavierintro von Kendrick Lamars »Crown«, es zieht sich immer weiter, eine Bordunquinte, in Wechselnoten ausgeführt. Der Rhythmus fährt schwer ins Hirn, ins Herz. »Love can change with the seasons, and I can't please everybody.«

Ich starre auf meine verschwommene Reflexion auf dem nassen Bürgersteig und merke, dass es mir zugleich befremdlich und reizvoll erscheint, das Kennenlernen einfach zu überspringen. Als Teil des Deals.

Vor dem Hotel rauche ich eine Zigarette und warte auf Amanda, so nennt sie sich. Ein Uber hält an und eine Frau, wie ich übergewichtig, steigt aus. Sie trägt eine amerikanische Militäruniform. »Oliver?«, fragt sie. Ich lächle sie an. »Let's go up«, sagt sie.

Der Fahrstuhl schießt uns hoch in die zweiundsechzigste Etage.

Im Zimmer angekommen, legt Amanda ihren Rucksack aufs Bett und fragt, ob sie etwas an der Wand präparieren kann.

Ich gehe ins Bad und versuche, unter der heißen Dusche das Frösteln nach dem kalten Regenschauer und ein reges Unbehagen loszuwerden. Im Schlafbereich der Suite hat Amanda währenddessen aus vier Saugnäpfen mit applizierten Metallösen ein Andreaskreuz an der Wand angedeutet. Auf dem Bett, neben Toto, liegt eine Peitsche.

Amanda zieht sich aus und reicht mir vier Kabelbinder. Sie bittet mich, ihre Hand- und Fußgelenke an den Ösen zu befestigen, so dass sie zur Wand schaut und ihr Rücken mir zugewendet ist. Während sie Anweisungen erteilt, bleibt ihre Stimme sanft. Aus meinem Louis-Vuitton-Halstuch soll ich einen Knebel zaubern, ihr in den Mund stecken und sie dann auspeitschen. Okay.

Ich habe sonst immer das Gefühl, dass ich für Situationen verantwortlich bin, es meine Aufgabe ist, alles aufzufangen, dass alle sich gut fühlen, sich wohl fühlen. So wurde es mir beigebracht.

Ich genieße diese Situation, in der ich einfach mal für gar nichts verantwortlich bin. Ich warte auf weitere Instruktionen, als mein Blick auf Amandas Rücken fällt. Links auf ihrem Körper das große Gesicht vom lächelnden Esel aus »Shrek«, auf der anderen Seite ein ernstes Soldatenporträt.

»Okay, du magst Shrek, aber wer ist der Mann auf deinem Rücken?«

Sie sagt, das sei ihr Vater, er sei in Afghanistan gefallen. Sie ist ungeduldig. Es soll endlich losgehen. Ich lege den Knebel an. Stelle mich hinter sie.

Ich finde die Situation interessant. Sie stimuliert mich null.

Dann hole ich theatralisch weit aus und schlage ihr sanft auf den Rücken. Sofort ruft sie mit halberstickter Stimme durch den Knebel: »Harder.« Ich schlage etwas doller. Und wieder: »Harder, fucking, harder.« Kendrick Lamars dunkler Rhythmus steigt in mir auf. »And I can't please everybody. No, I can't please everybody. Wait, you can't please everybody.« Ich gebe mir Mühe und sehe, wie der Peitschen-Striemen Esels Gesicht trifft. Wieder ertönt dumpf: »Yes, more, harder.« Und während ich immer wieder aushole, verkrampft sie den Körper, so dass das Gesicht ihres Vaters sich verzerrt und mich merkwürdig skeptisch anschaut. Als fragte ihr dead Dad, warum ich das tue. Und ich frage mich, was er wohl getan hat, dass ich das hier tun muss. Jetzt schreit sie: »Daddy!« Langsam finde ich Gefallen an der Situation.

Und wieder Kendrick Lamar: »You walk around like everything is in control. Favor come with favors and you can't say no. «

Ich bin im Rausch. Mir fällt auf, dass ihr Haar dunkel und gelockt ist, wie das meiner Mutter …

Ich gehe einen Schritt zurück und stoße gegen meinen Koffer, der von der Ablage fällt. Er springt auf, Dildos und Frauenbekleidungsstücke fallen heraus. Mist.

Ich drehe das Tag um: Majas Name steht drauf. Ich habe versehentlich ihren Koffer aus Berlin mitgenommen.

Amandas Blick fällt auch auf die Dildos.

Ich ahne schon, was jetzt kommt. Neben mir liegt mein iPhone. Ich greife schnell danach. Sehr laut ertönt Celine Dions »All By Myself«. Ich blicke wieder in das zweifelnde Gesicht ihres toten Vaters. Dieses Gesicht auf dem Rücken einer Frau, die von hinten aussieht wie meine Mutter.

Ich will das nicht. Ich setze mich auf die Bettkante. Vorher binde ich Amanda los, die sich neben mich erschöpft in die Federn fallen lässt. No, I can't please everybody.

10

München

Das Highlight meiner Kindheit war der jährliche Winterurlaub in Seefeld in Tirol. Wir fuhren mit der goldenen S-Klasse meines Vaters die 111 Kilometer über den Küstenkanal aus der norddeutschen Provinz nach Bremen, wo der Wagen auf den Zug verladen wurde und wir dann im Hochbettabteil nach München reisten.

Mein Papa unten, meine Mutter im mittleren Bett und ich ganz oben, nah an der Zugdecke. Ganz unten, auf dem Boden, im Carlo-Colucci-Pullover eingewickelt, mein Basset Snuggles.

Es gibt bis heute keinen Ort, an dem ich mich so geborgen und sicher fühle wie damals in diesem Zugabteil mit meiner Familie.

Von München aus ging es dann nach Seefeld ins Hotel Klosterbräu. Nicht direkt, wir verbrachten immer noch einen Tag in der Stadt selbst und fuhren erst abends nach Tirol. Ich erinnere mich an »Bernies Nudelbrett«, ein italienisches Restaurant am Viktualienmarkt im Gewand eines Brauhauses, an den Plattenkeller von WOM, World of Music, an meinen Lonsdale-Pullover, den ich mir bei »Face« gekauft hatte, und an dieses schöne große Hotel mit den vielen Lichtern, den blau-weißen Fahnen davor, gelegen an einer altmodischen Promenade mit vielen Bäumen. Ich schaute damals zu den beleuchteten Fenstern mit der Weihnachtsdeko hoch und träumte davon, einmal in diesem Hotel zu schlafen.

Fünfunddreißig Jahre später, am letzten Tag von Chanukka, ein paar Tage vor Heiligabend, stehe ich oben am geöffneten Fenster des Traumhotels meiner Kindheit. Alle Chanukka-Kerzen sind angezündet, ich singe die acht Strophen des Chanukka-Liedes, Toto starrt mich an, die Fassadendeko des Bayerischen Hofs strahlt mich an. Es ist schon sehr spät und wegen des Lockdowns ist niemand auf der Straße zu sehen. It's all so quiet. Ich setze mich in Unterhose und rotem Zipper-Strickpullover an den Bettrand, blicke auf die Kerzen und warte, bis sie abgebrannt sind.

Wie lange bin ich jetzt schon hier? Lange. Ein Bekannter von mir sagte, dass ich flüchte. Interessant. Wenn ja, vor wem? Vor mir selbst? Flüchte ich überhaupt? Oder bin ich? Flüchten wir nicht alle gerade? Die Schwierigkeit ist nur, dass die Fluchtorte der Vergangenheit nicht mehr existieren. Was nützen sie als Erinnerung? An den Fluchtorten jetzt ist man meist allein, und sie haben wenig von dem bunten Krach, der einen so schön abgelenkt hat.

Leben ist die Ablenkung vom Leben. Aber was tun, wenn die Ablenkung weg ist und man plötzlich so richtig leben soll?

An den Orten der Ablenkung sprechen wir vom inneren Kind, das wir in uns bewahren wollen. Das innere Kind, das gerne Achterbahn fährt, sich sinnlos betrinkt, auf Konzerte geht. Dabei vergessen wir, dass wir nicht nur die guten Seiten bewahren, sondern auch jene, wo wir von den Eltern fehlprogrammiert wurden.

Corona als Möglichkeit, erwachsen zu werden? Verantwortung übernehmen, für sich, für andere.

Handeln ohne Furcht beziehungsweise schon mit Furcht, aber auch mit der Bereitschaft, die Konsequenz des Handelns erwachsen zu ertragen, ohne zu flüchten, ohne abzulenken.

Man muss erwachsen werden, weil es kein Vorher gibt, zu dem man zurückkehren kann. Das Vorher ist die flüchtige Illusion der Nostalgie der Kindheit, als Ablenkung, ein ausgelutschter Drops. Vergangenheit kann unfassbar lähmend sein.

Draußen ist es still geworden. In der Ruhe Unruhe finden oder in der Unruhe die Ruhe. Ein Wechselspiel im Stundentakt, auf das ich mich seit Monaten verlassen kann. Stille ist der neue Krach.

Ich swipe mein iTunes an und verbinde es mit der Bose-Box. Die Kerzen im Leuchter sind noch nicht einmal halb abgebrannt. Damals im Jahr 164 vor Christus brannte die Kerze acht Tage, hoffentlich heute nicht. Ich darf sie nicht vorher auspusten. Da bin ich abergläubisch, obwohl ich es eigentlich nicht bin. Aber dann wieder doch. Beziehungsweise, es ist ein Zwang. Obwohl es ja auch magisches Denken sein könnte. Ich scrolle zum Buchstaben M, wie Midler. Bette Midlers »From a Distance«. Die bunten Kerzen brennen weiter zur sanften 90er-Ballade. Ich gehe zum Roomservice-Wagen, der noch vom Abendessen mitten im Zimmer steht, esse ein paar kalte Fritten, die ich in den Rest Heinz-Mayonnaise stippe, und spüle mit Cola Zero nach, ja Cola Zero. Cola light trinke ich nicht mehr.

Hinter den Kerzen, unten auf der Promenade, steht dieses Michael-Jackson-Denkmal mit den vielen Fotos von ihm und den Lichtern. Eigentlich ist es eine Statue des Renaissance-Komponisten Orlando di Lasso, eingehüllt in Michael-Merch. Er hat hier im Hotel oft übernachtet. Seine Maske trug er lange vor Corona. Vielleicht hatte er Angst vor Kinderlähmung.

Die Ruhe lässt uns träumen. Und uns fürchten. Obwohl alles eigentlich gleich ist. Alles ohne Filter, ohne Deko, ohne Glam – und doch die Erinnerung an etwas, wie es nie wirklich war. Die Ablenkung vom Leben. Das Leben selbst. »Werde, der du bist.«

Nah an seinen Gefühlen zu sein, wenn es nicht die kindlichen sind, kann erwachsen sein.

Das Zimmer im Laura-Ashley-Stil mit Schneewittchenbett, zusammen mit den Chanukka-Kerzen auf der Fensterbank, die jetzt erloschen sind, gibt mir das Gefühl, in rosa Zuckerwatte eingehüllt zu sein. Ich bin abgelenkt. Bin ich abgelenkt? Oder im Moment? Der Moment eines Rituals der Kindheit. Oder bin ich ein erwachsener Mann, der mit seinem Hund Kerzen anzündet?

Toto muss nochmal raus, wir gehen den langen Hotelflur entlang, durch eine Wolke Damenparfum. Das Parfum erinnert mich an das meiner Mutter.

Mit dem Fahrstuhl dann in die Lobby, vorbei an der Rezeption und einem »Guten Abend, wie geht es Ihnen, wie geht es Toto«, durch die Drehtür, über die Straße auf den Promenadeplatz.

Stille. Immer noch niemand weit und breit. Ich fühle mich geborgen und sicher.

Ich schaue hoch zum Fenster, die Lichter an der Fassade sind erloschen. Den kleinen Jungen kann ich glücklicherweise nicht mehr sehen.

11

Budapest

Benebelt liege ich unweit der Donau mit vier prall gestopften Kissen und einem ungarischen Bettdeckenmonster im Schlafzimmer der Executive Suite, nackt bis auf meine Unterhose, im Hotel New York Palace.

Vor ein paar Wochen bekam ich die Anfrage, ob ich nicht in diesem Film diese historische Figur spielen wollte. Why not, dachte ich. Drei Monate Budapest, dachte ich. Jetzt gerade dachte ich, dass ich fast gar nicht mehr denken will.

Ich bin müde, aber es ist so ein anderes *müde*. So ein ich-war-mit-Bill-Cosby-was-trinken-und-im-Hintergrund-läuft-Whitesnakes-»Is-This-Love«-*müde*. Ich kuschle jeden Tag, an dem ich nicht drehen muss, mit meiner Riesenbettdecke, als ob es meine Freundin wäre, also die Freundin, die ich noch nicht habe. Ich übe.

Es ist dieses Guns N' Roses »Where Do We Go Now«-Feeling. Lockdown ist over, aber gefühlt gibt es die Welt, die ich kannte, nicht mehr.

Wobei – es gibt sie schon, die alte Welt, bloß die Perspektive ist eine andere. Wir sehen nicht mehr die bunten Lichter am Times Square, sie sind aus, nein, wir stehen hinter der Kulisse, backstage, im Hinterhof des Theaters zwischen Müllsäcken,

Pappkartons und Ratten. Jetzt ist alles backstage. Die Seele ist backstage. Deine Seele, meine Seele.

Budapest wirkte schon vor drei Jahren wie backstage, als ob es hier noch nie Lichter gegeben hätte. Es ist dieser »Schindlers-Liste«-Filter, durch den man hier alles sieht. Und alles wirkt zerrissen.

Das Leben ist aus dem Gleichgewicht geraten. Ich stehe auf der Rolltreppe und halte mich fest – die Treppe und das Geländerband, nach dem ich greife, sie haben nicht dieselbe Geschwindigkeit. Das Geländerband die Welt, die Treppe mein Leben. Und am Ende der Rolltreppe dieser »Crocodile-Dundee«-Moment, obwohl nichts passieren kann. Stimmt nicht – es kann ja was passieren. Eben, dass nichts so bleibt, wie es ist.

Um einundzwanzig Uhr habe ich mich zu diesem Dating-App-Date in einem Café hinter der Oper verabredet. Noch während ich warte, denke ich bereits wieder mal – why? Auch fällt mir ein, dass Rozi auf allen ihren Fotos eine riesige Sonnenbrille trägt.

Dann steht sie vor mir, setzt sich und fragt sofort, bevor überhaupt ein bisschen Smalltalk stattgefunden hat, ob wir was trinken sollen und ob ich schon mal diese ungarischen Schnäpse probiert habe. Ich verneine, und sie bestellt auf Ungarisch. Die Schnäpse werden serviert, und die Kellnerin gießt uns gleich auch noch Champagner in hohe Kelche ein, stellt die Flasche in einem Kübel auf den Tisch. Rozi fragt mich, wie mir Budapest gefällt und was ich schon gesehen habe. Ich antworte, dass ich mir die Synagoge angeschaut habe, es ist wohl die größte Europas.

Sie fällt mir ins Wort, nimmt die riesige Sonnenbrille ab, blickt mich mit hochgezogenen Brauen an und fragt, warum ich ausgerechnet da hingegangen bin. Ich schaue sie irritiert an, was nicht nur daran liegt, dass ich zum ersten Mal ihre müden Augen sehe, nein, es ist die Frage. Ich beuge mich vor und frage, warum sie das fragt. Sie antwortet, dass ihr nie im Leben einfiele, dort hinzugehen. »Das ist ja alles voller Juden da.« Ich beuge mich noch weiter vor und frage, wo das Problem ist. Rozi wird präziser und sagt, dass sie sich vor Juden ekelt, dass sie dreckig sind und wegen ihrer Raffgier alle Immobilien in Budapest aufkaufen wollen und im Übrigen Tiere schlecht behandeln.

Ich habe die Flasche praktisch auf ex alleine leergetrunken und bestelle eine weitere. Während die Kellnerin aus der neuen Flasche einschenkt, fällt mir auf, dass in dieser »neuen« Flasche schon fast gar nichts mehr drin ist. Überhaupt wirkt das Ganze so, als würden sich Rozi und die Kellnerin gut kennen.

Ich lächle Rozi an. Sie fragt mich, ob ich sicher bin, dass ich deutsch bin, weil ich, wie sie festgestellt hat, ja gar keine blauen Augen habe und auch kein blondes Haar. Ich antworte, dass mein Vater dunkle Haare hatte und meine Mutter Russin ist. Woraufhin sie sagt, dass auch Russen doch immer blondes Haar haben. Ich so: Meine Mutter nicht. Rozi schaut auf die Uhr und sagt, dass sie noch auf eine Geburtstagsparty muss. Ich bestelle die Rechnung und zahle 100 000 Forint, ungefähr 300 Euro.

Sie steht auf, bedankt sich nicht, bevor sie ihr hässliches Wesen wieder mit der Sonnenbrille verdeckt und mit schnellen Schritten davongeht. Ich lasse mir den letzten Schluck des 300-Euro-Champagners auf der Zunge zergehen, vermutlich ein umgefüllter 99-Cent-Aldi-Prosecco.

Zurück im Hotel, setze ich mich ins Café New York. Normalerweise ist es der Hotspot von Budapest, sozusagen ein ungarisches Café Sacher – seitdem die Touristen nicht mehr da sind, ist es leer. Ich setze mich an einen der runden kleinen Tische, bestelle eine Cola und starre an die mit goldenem Stuck verzierte, prunkvolle Decke. Musik erklingt aus dem Roland-E-Piano im Design eines kleinen Flügels, der automatisch spielt. Vier Kellner stehen an den Säulen in ihrer Kellner-Uniform und verziehen keine Miene. Jeder einzelne von ihnen trauriger als Rilkes Panther.

Alles wirkt anders als vor Jahren, als man vor diesem Café Stunden auf einen Tisch warten musste, und gleichzeitig so vertraut. So normal. Jetzt ist jetzt. Oben in der Executive Suite wartet die Riesenfederdeckenmamba. Im Moment ist sie alles, was mir bleibt, im Arsch der Realität, mit viel Qualität.

12

Berlin

Toto und ich landen in Berlin, wir nehmen ein Taxi zum Kurfürstendamm. Maja müsste bei der Arbeit im »Golden Dolls«, einer Table-Dance-Bar, sein, das hatte sie mir geschrieben. Zum Knarzen der alten Holzdielen laufen wir das Treppenhaus hoch zu meiner Wohnung. Je mehr Holz ich spüre, desto ruhiger werde ich. Ich drehe den Schlüssel von außen im Schloss um. Wir betreten die Wohnung. Laute Musik schallt uns entgegen. Whitney Houstons »I Have Nothing«. Niemand im Wohnzimmer, nicht in der Küche. Die Musik kommt aus dem Schlafzimmer, ich stupse die Tür, die eh schon einen Spalt geöffnet ist, ganz auf.

Niemand da. Ich wechsle die Musik, Bill Evans »You Must Believe in Spring«, lege meine Kleidung und mich aufs Bett, nicke ein. Toto neben mir.

Ich wache auf. Mein Herz klopft. Es klopft wie wild. Wie ferngesteuert laufe ich zum Fenster, schaue hinunter auf den Ku'damm. Unten steht eine wunderschöne Unbekannte. Ganz in Schwarz, schwarzes Haar. Eine Brille mit dickem schwarzem Rand. Sie läuft auf und ab, telefoniert dabei.

Ich ziehe mich so schnell an wie noch nie zuvor, greife mir noch die Baseballjacke, das Telefon, und renne die Treppen hinunter wie ein Liebesirrer. Reiße die Haustür auf, springe die Fremde regelrecht an, küsse sie auf die Wange, sage ihr, dass sie die ist, die ich seit Jahren suche. Sie lächelt mich an und sagt immer wieder okay. Okay! Ich frage, ob sie etwas vorhat, ob wir zusammen etwas essen gehen wollen. Sie willigt ein. Ich bin verlegen, mein Gesicht dampft geradezu, ich fühle mich wie ein undurchtrainierter roter Hulk. Dann nehme ich ihre Hand, und wir laufen gemeinsam unter dem Frühlingsschimmer des frischen grünen Laubs dem Sonnenuntergang am Olivaer Platz entgegen.

Im kleinen Italiener um die Ecke setzen wir uns an einen Tisch mit rotweiß karierter Decke. Ich streichle Rudy, das ist ihr Name, über die Wange. Sie bestellt Spaghetti Vongole, ich eine Riesenpizza Salami. Wir blicken uns an. Sie ist die, von der ich immer geträumt habe.

Unwillkürlich schaue ich zur Eingangstür. Eine Frau betritt das Restaurant, in Begleitung eines Mannes. Sie werden an unserem Nachbartisch platziert.

Es ist Maja, wir ignorieren uns, tun so, als ob wir uns nicht kennen, was wir, genau genommen, ja auch nicht wirklich tun. Der Mann, vermutlich ihr Kunde, zwinkert Rudy mit einem Gewinnergrinsen zu, er flirtet sie an.

Etwas abrupt wird mir nun klar: Maja – sie ist die, von der ich immer träumte.

Der Typ datet meine Traumfrau.

Sein Gesicht ist mir vertraut. Er ist ein bekannter deutscher Schauspieler. Ich werde unsicher, entschuldige mich und verschwinde auf die Toilette.

Jetzt sitze ich in der Kabine auf dem verschlossenen Deckel und spüre, wie die Eifersucht in mir aufsteigt. Ich ekle mich vor dem Typen am Tisch, bin überrascht von meinen Gefühlen. Maja schreibe ich eine Nachricht: »Egal, was er zahlt, ich ertrage das nicht, ich erkläre es dir später.«

Bevor ich an den Tisch zurückkehre, lasse ich mir die Rechnung geben. Dann ziehe ich Maja zu mir hoch, setze Rudy rüber zu dem Schauspieler, fasle noch was davon, dass sie uns doch bitte entschuldigen mögen. Etwas weniger elegant, eher wie bei Degowski und Rösner, begleite ich Maja in meinem Eifersuchtswahn aus dem Restaurant.

Draußen im Regen gibt sie mir erst einmal eine kräftige Backpfeife und fragt mich, was mit mir nicht stimmt. Meine gutgepolsterten Wangen und das Adrenalin lassen mich den Schmerz nicht spüren.

Donner und Blitz. Es fängt an zu schütten, als verabschiedete sich gerade die ganze Welt. Maja ist einverstanden, dass wir erstmal zu mir nach Hause gehen. Wir rennen los, als wir den Hausflur mit dem frischgebohnerten Parkett betreten, plätschert das Wasser aus ihrer Kapuze.

Auf dem Weg nach oben rutsche ich aus. Knalle mit dem Kopf gegen das Geländer. Und stürze die Treppe hinunter.

Ich kann die Augen kaum öffnen. Ich höre Sirenen. Mir wird schwindelig. Im Krankenwagen grelles Licht, Sanitäter legen am linken Arm einen Zugang, meine rechte Hand in der von Maja, sie lässt sie nicht los und streichelt sie. Rettungsdienstromantik.

In der Notaufnahme erst einmal Beruhigungsmittel, Schmerzmittel. Maja weicht nicht von meiner Seite. Es fühlt sich gut an.

Ich bin gerne in Krankenhäusern, das war schon immer so, ich fühle mich dort wohl. Alle kümmern sich liebevoll, ich werde ernst genommen, bekomme reichlich Aufmerksamkeit, all das, was mir von meiner Mutter verwehrt wurde.

Ich war hier schon einmal. Ich erinnere mich an diese Notaufnahme. Als ich vor etwa einem Jahr zu Hause Schnitzelreste in mich reinschaufelte, blieb ein Stück in meinem Hals stecken, und sie mussten es hier wieder rausholen.

Sie verfrachten mich in ein Bett, hängen mich an einen fahrbaren Tropf und schieben mich, weil gerade kein Zimmer frei ist, raus in den Flur.

Maja weicht mir nicht von der Seite. Von der Infusion wird mir immer schummriger, Maja streichelt mich und lächelt mich an.

Ich springe auf, greife mir den Rollständer mit dem Infusionsbeutel und laufe mit letzter Kraft den Krankenhausflur entlang, Richtung Getränkeautomat. Finde tatsächlich Kleingeld und ziehe zwei Flaschen Cola Zero. Sie poltern ins Ausgabefach. Als ich sie geöffnet habe, knibble ich umständlich von beiden Flaschen die Plastikschutzringe ab und humple mit ihnen in der festgeschlossenen Faust zum Bett, zu Maja. Setze mich neben sie auf die Kante. Blicke sie an, nehme ihre Hand, stecke den Plastikring auf den richtigen Finger und frage sie, getragen von meinem wohligen Krankenhausgefühl, ob sie mich heiraten will. Sie nickt und sagt leise »Ja«, dann küssen wir uns. Und während ich sie noch küsse, denke ich mir, dass ich sie zwar mag, mich aber wieder einmal von einer von der Not befeuerten Einbildung habe leiten lassen. Sie ist eine Sexarbeiterin, sie wird mich nie lieben. Dream on.

Und schon stehen wir wieder auf der Straße, verstoßen aus dem Hospital Heaven – Verlobung müssen wir trotzdem feiern. Wir rufen ein Taxi, halten kurz am Ku'damm, um Toto einzusammeln, und ab nach Mitte. Ins Borchardt, meine Berliner Brasserie Lipp. Die Decke, der riesige Saal, die vielen mit weißen Tüchern bedeckten Tische, das flauschig-warme, runtergedimmte Licht, die Kellner in den Pariser Uniformen. Lässig am Tresen angelehnt der Besitzer, ein bisschen John Malkovich, bloß mit Haaren und weißem Bart. Er nickt uns freundlich zu. Toto ist begeistert. Er ist Stammgast.

Die in pinkfarbenem Einteiler gekleidete Garderobiere lächelt uns mit ihrer Zahnlücke an, sie platziert uns an einem kleinen Tisch inmitten des Restaurants. Wir bestellen Champagner, rosé, und Wassermelonensalat mit Schafskäse und Kapern.

Maja fixiert mich, eine Gabel mit aufgespießtem rosa Melonenfleisch in der Hand, sie fuchtelt ein wenig damit herum. Immer, wenn sie spüre, dass sie sich verliebe, oder spüre, dass sie geliebt werde, was nicht oft vorkommt, immer wenn sie das spüre, müsse sie flüchten. Ich nehme ihr das nicht ab. Offensichtlich will sie mich manipulieren.

Nachdem sie das gesagt hat, setzt sie sich zu Toto und mir auf die Bank und küsst mich. Ihre Lippen legen sich auf meine, wir versinken im Kuss. Aus dem Augenwinkel sehe ich, wie Rudy mit dem Schauspieler das Lokal betritt.

Am nächsten Morgen wache ich auf – Maja ist weg. Ihr Koffer, ihre Kosmetiksachen im Bad, sogar ihr Duft. Und ihr Profil auf Instagram. Verschwunden. Ich bin traurig. Gleichzeitig froh, dass ich nicht mehr so traurig bin wie damals an der Fähre auf Norderney. Vielleicht auch nicht.

Ich setze mich in den Sessel am Fenster, blicke auf die Häuser auf der gegenüberliegenden Straßenseite. Im ersten Stock eines Hauses ein Bordell mit LED-Leuchtschild, das »Love« aufblinken lässt. Die vielleicht größte Lüge jemals.

13
Emsland

Es war mitten in der Nacht, auf dem Vorplatz der Kirche unserer Kleinstadt bestiegen mein Freund Benjamin und ich den »Rainbow Tours«-Bus nach Paris. Er war bis auf den letzten Platz besetzt. Ich hatte nur noch von Paris geträumt, dem Eiffelturm, dem Moulin Rouge, von Baguettes, der Liebe. Das hier war mehr eine Kaffeefahrt mit alkoholisierten Kegelbrüdern. Über die Lautsprecher des Busses lief Schlagermusik. An Schlafen war nicht zu denken. Was bei der Verlosung nicht erwähnt worden war: Am Ende dieser nächtlichen Horrortour würden wir in der Hauptstadt der Liebe einfach rausgeschmissen und am Abend desselben Tages wieder eingesammelt werden.

Und auch Paris war nicht das, was ich mir erhofft hatte, lediglich eine Stadt mit einem Metall-Turm. Ich irrte umher, alles fremd. Ich fühlte nichts. Wie auch, in achteinhalb Stunden. Wenn ich mich wie ein Koalabär am Eiffelturm gerieben hätte, hätte ich vielleicht irgendwas gefühlt, aber selbst das war nicht möglich – die Sehenswürdigkeit war umzäunt.

Um Punkt 18 Uhr wurden wir vor Notre-Dame wieder aufgegabelt. Die anderen Fahrgäste waren noch betrunkener. Zum Sonnenuntergang fuhren wir aus Paris raus. Benjamin und ich hatten uns ganz vorne rechts auf die einzigen noch freien Plätze gesetzt, direkt hinter der Busfahrerin. Es war nun schon dunkel, im breiten Rückspiegel sah ich immer wieder für einen kurzen Moment ihr Gesicht. In den vorüberziehenden Lichtern der entgegenkommenden Autos tauchte es blitzartig auf und war dann gleich wieder verschwunden.

Ich roch ihren süßlichen Duft. Sie trug ein rotes Halstuch und hatte wunderschöne Ohren. Ich bekam Gänsehaut. Enttäuscht und vollkommen erschöpft von dieser seltsamen Reise ins Nichts, entwickelte sich augenblicklich eine Amour fou – war sie diejenige, die ich einmal heiraten würde? Ich malte mir unsere Hochzeit aus, stellte mir vor, wie unsere Kinder aussehen würden. Der Bus sollte einfach anhalten, die Tür sich öffnen, ich würde die Hand der Busfahrerin nehmen, wir würden hinausspringen und gemeinsam durch den Regenbogen der Liebe laufen, denn immerhin war das ja hier der Rainbow-Tours-Bus.

Ich erwachte von lautem Hupen. Unser Bus war in einen Unfall verwickelt worden, kein Regenbogen in Sicht. Lediglich ein umgekippter Schweinetransporter. Unsere Busfahrerin hatte in letzter Minute durch eine Vollbremsung das Schlimmste verhindert.

Ich war offensichtlich nach vorne geflogen, lag auf dem Boden. Ein dunkler Schatten beugte sich über mich und fragte mit tiefer Stimme, ob ich o.k. sei. Die Busfahrerin. Ich rappelte mich hoch, setzte mich wieder auf meinen Platz. Die Fahrt ging weiter.

Als ich das nächste Mal aus dem Fenster schaute, sah ich den Kirchturm meiner Kleinstadt. Die Horrorfahrt war vorbei. Vielen Dank, NDR 2. Von der Busfahrerin wollte ich mich aber besonders schön verabschieden. Ich kritzelte ihr meine Festnetznummer auf ein Stück Papier und stieg als Letzter aus, um sie ihr in die Hand zu drücken. Dabei küsste ich sie, für mich selbst überraschend, auf den Mund. Sie schubste mich weg, und ich dachte nur, wie kraftvoll. »Du bist ja ganz süß, Kleiner«, sagte sie mit einem Einschlag von emsländischem Plattdeutsch und lachte, »aber ich bin zu alt für dich.«

Draußen wartete meine Mutter, im Auto, mit laufendem Motor. Sie hatte ihre Fensterscheibe runtergekurbelt und rief mir zu, ob ich in dem Bus übernachten wolle. Warum eigentlich nicht, dachte ich kurz. Dann trottete ich zu ihr rüber.

14
Paris

Fashion Week in Paris. Samstagabend. Wir hatten nach einem Match auf Tinder vielleicht fünfmal hin und her geschrieben. Jetzt treffen wir uns um neun Uhr vor der Brasserie Lipp.

Eine Limousine fährt vor, mein Match steigt aus. Sie lächelt mir zu, wir umarmen uns vorsichtig, zögerlich, auch klopfen wir uns beide dabei leicht auf den Rücken. Es ist eine dieser Umarmungen, die stattfinden, ohne dass sie geplant waren, und währenddessen denkt man bei sich, eigentlich kenne ich diese Person ja gar nicht.

Albertine ist sehr groß, sie trägt einen braun-pink-orangefarben gestreiften Strickpullover und eine Lederjacke. Während wir im Vorraum zwischen der Eingangstür und der Drehtür warten, frage ich sie, wie groß sie ist, sie antwortet mit: »Ein Meter achtzig.« Ich sage ihr, dass ich auch einen Meter achtzig groß bin. Sie lacht, schüttelt den Kopf und fragt, wann ich mich das letzte Mal gemessen habe. »Vielleicht bist du dadurch, dass du dick bist, geschrumpft«, sagt sie. Ich muss auch lachen. Vielleicht hat sie recht – je schwerer ich wurde, desto größer wurden meine Füße.

Der Maître d' führt uns zum Hemingway-Platz unter der Treppe und sagt auf dem Weg, dass er zwei kleine Tische für uns präpariert hat. Unser Gang durch das hell erleuchtete Restaurant fühlt sich an wie auf einem Laufsteg. Wir setzen uns an den Tisch, Toto nimmt am kleinen Beistelltisch Platz. Fred, der Kellner, kommt strahlend herbei und begrüßt uns. Gibt mir einen kräftigen Händedruck, ein gutes Gefühl nach diesen zwei Jahren. Er deutet Albertine gegenüber eine leichte Verbeugung an und streckt Toto wie immer seinen Zeigefinger hin.

Ich bestelle zwei Gläser Champagner, Wasser, Huhn für sie, Wurst für mich. Pommes, Salat und Kartoffeln. Fred fragt Albertine, ob sie Brust oder Bein möchte. Sie zeigt auf ihr langes Bein, das sie wie eine Schlange um das Tischbein gewickelt hat. Wir sprechen nicht viel, trotzdem fühlt es sich gut an, hier gemeinsam zu sitzen.

Albertine ist das erste Mal im Ausland, sagt sie, sie ist Model und zur Fashion Week aus Kenia nach Paris gekommen, sie erzählt, dass die Woche frustrierend war, sie mit drei weiteren Models in einer Wohnung untergebracht ist und viele Anproben hatte, jedoch keine Jobs, und dass ihre Kreditkarte hier in Paris nicht funktioniert. Bis unser Essen kommt, schauen wir beide auf die Smartphones. Fred serviert schließlich Edith Piafs »La vie en rose« summend Huhn und Wurst. Toto richtet sich auf und erschnüffelt den Duft des Fleisches, der sich wie eine Wolke über ihm ausbreitet.

Wir essen schweigend. Albertine pult mit ihren Händen das Huhn auseinander, zärtlich legt sie mir ein Stück in den Mund. Ich werde von ihr gefüttert wie ein Vögelchen im Nest seiner Mutter. Danach lächelt sie mich an.

Wir verzichten auf das Dessert, und ich bestelle vor der Tür des Lipp ein Uber für Albertine. Wir verabschieden uns, sie steigt ins Auto und fährt davon.

Gegenüber im Café de Flore ist es wie leer gefegt. Draußen regnet es, und wir setzen uns ganz hinten in die Ecke. Toto neben mich auf die Bank. Ich bestelle einen Baileys auf Eis und blicke in den Raum des Lokals.

Eine abgedunkelte Mercedes-S-Klasse hält vor dem Café, der Chauffeur steigt aus und öffnet einem Mann die Tür. Er betritt das Café, trägt einen weißen Anzug und Sonnenbrille, und obwohl wirklich alle Tische frei sind, setzt er sich an den Nachbartisch. Bestellt eine Flasche Champagner und ein Stück Kuchen und dreht sich dann sehr langsam zu mir. Mit amerikanischem Akzent sagt er, deutlich und unmissverständlich: »Love«. Dann schweigt er erst einmal. Das Wort füllt den Raum.

»Es ist einfach, Liebe ist eine Mischung aus jemanden mögen und jemanden brauchen. Das Brauchen kann unterschiedlicher Art sein.« Seine Stimme klingt vertraut, er nimmt seine Brille ab, fixiert mich und fragt: »What do you think?«

Es ist Chris Rock.

Bevor ich die Möglichkeit habe, zu antworten, betritt eine ältere Dame in einem dunkelvioletten Mantel, mit roten Ballerinas, rosafarbenem Lippenstift und kurzem grauen Haar das Café. Sie versteckt die Augen hinter einer großen schwarzen Sonnenbrille. Während sie ihren Rauhaardackel an der Leine hält, ruft sie uns in charmant pariserischem Englisch zu, dass die Liebe sich genau durch das Gegenteil auszeichnet, nämlich, dass sie frei ist. »Habt ihr das verstanden?« Liebe soll nicht auf Abhängigkeit basieren, man sollte den anderen nicht aufgrund emotionaler Bedürftigkeit lieben. Oder auch ökonomischer. Genau das macht die Liebe ja erst möglich. Wirkliche Liebe zeichnet sich durch Freiheit aus.

Der Kellner bringt im Kühler die Flasche Champagner, lässt dezent den Korken knallen und stellt Chris Rock ein Stück Millefeuille auf sein Tischchen. Rock bittet um zwei weitere Gläser. Die Dame setzt sich mit ihrem Hund zu uns. Unsere Gläser erklingen hell beim Anstoßen. »Auf die Liebe«, ruft Rock. »Auf die Freiheit«, ruft die Dame etwas lauter. »Auf beides«, proste ich ihnen zu.

Später laufe ich durch das schlafende Paris zurück zum Hotel, vorbei an den vielen hell erleuchteten Möbelgeschäften, vorbei an dem Obdachlosen.

Ein junges Mädchen rennt einem anderen hinterher. Sie ruft ihr nach, dass sie stehen bleiben soll. Als hätte die eine der anderen etwas geklaut. Sie rennen beide sehr schnell, sie sprinten geradezu.

An der nächsten Straßenecke ist die Verfolgte eingeholt, beide Mädchen nun völlig außer Atem. Atemlos küssen sie sich.

Leidenschaft. Per Dating-App nicht zu haben, so gut wie nie. Die Haut zu Markte tragen. Wir sagen nicht, was wir suchen, und suchen nicht das, was wir sagen. Man lernt sich schnell kennen. Danach lernt man sich richtig kennen. Ein panischer Versuch, der Einsamkeit zu entrinnen, bei dem man tiefer reingezogen wird. Eine Ansammlung von Liebeskandidaten, abzählbare, wegswipebare Figuren. Sehnsuchts-Business: Ich will Gefühle verstärken und gleichzeitig mehr Taubheit.

Vielleicht sind wir auch gar nicht in den anderen verliebt, sondern in die angenehme Interpretation des Gegenübers vom eigenen Ich. Und die Liebe schwindet, wenn das Gegenüber feststellt, dass es in etwas verliebt war, was es sich aus seiner eigenen Biografie konstruiert und wie einen Filter über den anderen gelegt hat.

Ich laufe weiter Richtung Rue du Bac.

Wir bleiben vor einem Zeitungskiosk stehen, von dem dieses überdimensionale Plakat von Jean-Paul Belmondo sein helles Licht auf uns wirft. Vor kurzem ist er gestorben.

Angekommen im Hotel, öffne ich die großen alten Fenster meines Zimmers, sie reichen fast bis zum Boden. Ich knipse das Licht aus, lege Toto behutsam auf die linke Betthälfte, gehe ins Bad und putze mir die Zähne. Starre mich im Spiegel an. Dieser ewig stumme Spiegeldialog, ein äußeres und auch nach innen gerichtetes Begutachten. Beschlechtachten. Intensiv. Aber wenig bleibt hängen.

Erinnerungen. Die Liebe, die mir, wie einem Hund die Wurst, hingehalten wurde, und immer, wenn ich zuschnappen wollte, wurde ich weggestoßen. Liebe, die mit Bedingungen verknüpft war, und wenn die Bedingungen erfüllt wurden, gab es trotzdem nichts. Leben unter Auflagen. Hausarrest, Bestrafung, Drohungen, Erniedrigungen, Beleidigungen. Die Sehnsucht nach bedingungsloser Liebe. Die Sehnsucht nach einem Menschen, der sie einem schenkt.

Potentielle Partnerinnen, Fantasie-Inseln, die nichts mit der Realität zu tun hatten. Frauen, die mich ähnlich schlecht behandelten wie meine Mutter, ihnen rannte ich hinterher. Und wenn sie mich gut behandelten und nicht wie meine Mutter waren, trieb ich sie so lange in den Wahnsinn, bis sie zu meiner Mutter wurden, um mich in all der Negativität zu suhlen. Ich stecke fest. Stecke fest im Morast. Ich simuliere Bewegung.

Es wird nicht mehr nachgeliefert, this is it. Ich wohne meiner eigenen Zerstörung bei. Unruhe, Rastlosigkeit, um die Leere zu überspielen. Halt. Schnitt. Ich will kein Opfer meiner eigenen Biografie sein. Ich muss mein Beuteschema ändern, nein, canceln, und Liebe annehmen, auch wenn sie vielleicht nicht für immer bleibt.

Der Wind lässt die vielen Vorhänge dramatisch ins Zimmer wehen. Ich lege mich aufs Bett und schaue hinauf in den Pariser Himmel. Toto schmiegt sich an mich. Eine Nachricht von Albertine: »Thanks a lot for dinner.« Zum sanften Geräusch des Sommerregens schlafen wir ein.

Kreischgeräusche. Es sind die Pariser Möwen. Sie sind so unfassbar laut. Das haben sie sich am lauten Meer antrainiert.

Wieder einzuschlafen fällt mir nun schwer, und ich scrolle durchs Netz. Ich bleibe bei einem Video hängen: Ein Mann sitzt zwischen zwei schwerbewaffneten Typen auf der Rückbank eines Autos. Es ist ein beliebter afghanischer Comedian. Es ist tatsächlich die Dokumentation einer Entführung. Der Komiker macht sich noch während dieser letzten Reise über seine Entführer lustig und kassiert mehrere Schläge ins Gesicht. Kurz danach wird ihm die Kehle aufgeschnitten. Er wird erschossen. Man sieht, wie seine Peiniger mit seiner Leiche spielen.

Schweißperlen auf meiner Stirn. Ich springe auf und kotze in die weiß schimmernde Kloschüssel. Meine Kotzgeräusche sind noch lauter als das Möwengeschrei. Ich lege mich aufs Bett.

Das Gesehene ist nicht zu begreifen. Seine Leidenschaft war auch meine Leidenschaft. Ich kann es nicht verstehen. Ich will es nicht verstehen. Es macht mir Angst. Angst, dass ich das sein könnte, was absurd ist. Da ich ja ausgekotzt, in Sicherheit, neben meinem Hund, unter dem Seemöwenhimmel, in meinem Pariser Hotelzimmer liege. Wenn ich als Kind Horrorfilme sah, gruselte es mich, obwohl ich wusste, dass es nicht echt war. Das hier ist echt.

Ein Komiker, der hingerichtet wird, weil er Komiker ist.

Er wurde mit dem Schlimmsten bedroht. Mit dem Tod. Und noch in seinen letzten Minuten setzte er zur Attacke an. Mit Witzen. Keine Ostfriesenwitze. Nein, Witze über seine Mörder.

Wenn du Komiker sein willst, musst du frei sein.

Wir sind frei und verhalten uns meist so, als wären wir gefangen. Gefangen in unseren Luxusängsten.

Wir haben das Bewusstsein für unsere Freiheit verloren.

Selbst, als wir während Corona zu Hause saßen, im Lockdown, waren wir freier als so viele.

Am nächsten Morgen rufe ich einen Freund an. Ich erzähle ihm von den lauten Möwen, die mich nicht schlafen ließen und dass sie sich in Paris offenbar sicher fühlen. Er säuselt ins Telefon: »Du musst einen Nachruf schreiben.«

Einen Nachruf auf einen mir Unbekannten. Mir aber doch Vertrauten. Einen, der die Schrecken der Welt mit Komik zu entlarven, zu bändigen versuchte. Der dafür mit dem Tod bestraft wurde.

Die Möwen am Himmel kreischen weiter, vielleicht ist es ein Lachen.

15
Brasilien

Eduarda und ich hatten kurz nach dem ersten Lockdown ein Match. Sie lebt in Uberlandia in Brasilien. Wir schrieben hin und her, schickten uns Bilder. Zeigten uns gegenseitig, was wir gerade machten, träumten gemeinsam auf unseren kleinen Bildschirmen. Telefonierten ein paarmal. Sie plante gerade, nach Barcelona zu ziehen. Wir wollten uns treffen, aber die Grenzen waren dicht. Eduarda war siebenundzwanzig, sie studierte. Sie wollte Familie.

Ich, Anfang vierzig, wollte auch Familie. Über ein Jahr steigerten wir uns in diesen Wunsch, in diese Gefühle hinein. Ich mochte ihre kindliche Art, die zugleich etwas sehr Erwachsenes hatte.

Der Lockdown zog sich hin, die Pläne, nach Europa zu ziehen, hatten sich zerschlagen, sie wollte nun aufs Land. Die Abstände zwischen unseren Unterhaltungen wurden größer, ich dachte mal mehr, mal weniger an sie. Eduarda war wie das alte Radio hinten in der Küche, das immer im Hintergrund mitlief. Kaum da und doch immer präsent.

Nach dem Lockdown schlug ich vor, dass wir uns doch nun treffen konnten. Sie wollte ungern nach Europa, es sei wegen des Visums kompliziert. Ich schlug also in einer WhatsApp-Nachricht vor, nach Brasilien zu kommen. Keine Antwort. Nach ein paar Tagen schrieb sie: »Great.«

Ich ignorierte die Knappheit in ihrer Reaktion und buchte

den Flug. Wieder zwei Tage lang keine Reaktion. Dann ein paar Herzchen und »Ich kann es kaum erwarten, dein Gesicht abzulecken«. Die Wochen vergingen, das Radio plätscherte weiter in der Küche, und der Tag meiner Reise nach Brasilien rückte näher. Am Abend vor meiner Abreise ging ich auf Eduardas Instagram-Profil. Fast keine Bilder mehr. Keine Highlights.

Am nächsten Tag sitze ich am späten Abend im Latam-Airlines-Flug 8071 nach Uberlandia, via São Paulo, blicke auf die Lichter der Startbahn. Fünfzehn Stunden werde ich unterwegs sein. Genug Zeit zum gründlichen Rumstochern im eigenen Zweifelsalat. Und um darüber nachzudenken, was für eine geistesgestörte Idee das hier ist. Was hat mich hierher gebracht? Ich wollte nicht mehr enttäuscht werden, hatte mir vorgenommen, keine Erwartungen mehr zu haben. Und jetzt? Lediglich eine Hoteladresse in einer WhatsApp-Nachricht, das Zimmer hat sie mir gebucht. Ihre Handynummer, that's all I got. Eine Handvoll Melatonin lässt mich durchschlafen.

Touchdown Uberlandia. Der brasilianische Sonnenaufgang lässt das Flugzeug bis ins Innerste golden erstrahlen. Eine Nachricht von Eduarda, die mir schreibt, dass sie es nicht zum Flughafen schafft, ich soll mir ein Taxi zu ihrem Dorf nehmen, in der Nähe der Sucupira-Wasserfälle, ungefähr eine halbe Stunde vom Flughafen entfernt. Dazu ein Zimmercode und ein Küsschen-Emoji.

Der Taxifahrer bei den Arrivals öffnet den Kofferraum per Knopfdruck. Er steigt nicht aus. Wahrscheinlich will er die Milbenplantage, die er zwischen dem Polyester seiner durchgeschwitzten Buntfaltenhose und dem alten, abgewetzten Alcantara des Sitzes gezüchtet hat, nicht durch überstürztes Aufstehen zerstören. Ich zeige dem Fahrer die Adresse auf meinem Handydisplay. Er nickt, »only cash«, sagt er. Ich nicke auch.

Wir fahren los. Vorbei an der Stadt, die mich visuell an Los Angeles und auch New York erinnert. 36 Grad auf der Rückbank eines Taxis am anderen Ende der Welt. Der traurige Duftbaum kapituliert vor dem Geruch, der sich in den letzten Jahrzehnten in den Polstern festgefressen hat. Im Autoradio laut George Michaels »Careless Whisper«. Ich halte meinen Kopf aus dem Fenster und schnappe nach frischer Luft.

Wir biegen in einen Feldweg ein, an dessen Ende über einem Tor ein großes Schild mit einem zähnefletschenden Krokodil mit Sonnenbrille und Drink in der Hand montiert ist. Die Aufschrift lautet »Crocodile City«, dahinter eine Bungalowsiedlung.

Auf dem Gelände keine Menschenseele. Der Fahrer stellt den Motor aus, ich zahle, cash, im Hintergrund singt George Michael »I'm never gonna dance again«, und ich denke mir, dass, wenn ich hier übernachten werde, ich vielleicht wirklich never again gonna dancen werde. Ich steige aus, er startet den Motor, die Reifen drehen durch, der Matsch fliegt mir ins Gesicht. Er ist weg. Mist, mein Koffer auch, ich habe vergessen, ihn aus dem Kofferraum zu nehmen.

Wie der letzte Trottel stehe ich mit meinem Rucksack vor einem Bungalow. Ich krame den Code aus meiner Jackentasche. Tippe ihn ein. Langsam öffnet sich die Tür, ein Eichhörnchen huscht mir entgegen.

Im Bungalow ein frisch bezogenes Bett. Ein Fernseher. Ein Stuhl. Das Bad. Ziemlich klein.

Ich schaue auf mein Telefon. Kaum Empfang. Kenne ich aus Berlin Mitte. Kein Koffer, kein Netz, keine Eduarda. Ich setze mich auf die Bettkante, nicke fast ein, als ich von draußen eine Stimme höre, die meinen Namen ruft.

Eine Frau erscheint in der Tür. Ich habe sie vorher noch nie gesehen. Von ihrer Statur ähnlich wie ich, nur kurviger. Blonde Haare, etwas unordentlich hochgesteckt, Brille mit goldener Fassung, sie trägt ein hellrosafarbenes Kleid mit kleinen Kackehaufen-Emojis drauf. Auf ihren Fingern Erdmännchentattoos.

»Eduarda?«, frage ich. Sie lächelt mich an.

Alles wie weggewischt. Sie sieht komplett anders aus als auf ihren Insta-Bildern. Eine fremde Person. Ein wenig runtergerockt.

Sie setzt sich zu mir aufs Bett. Sie ist freundlich, so ein pseudogefühliges New Yorker »I-need-you«-freundlich. Nett, aber kalt. Sie sagt in gebrochenem Englisch, dass sie mich heute Abend ihren Eltern vorstellen möchte.

Ich flüchte ins Mini-Bad, dusche den Matsch, den Sommerschweiß, den Angststress ab. Schrubbe wie wild an mir rum.

Eduarda hat den Fernseher eingeschaltet. Nebeneinander auf dem Bett schauen wir eine brasilianische Serie. Wir unterhalten uns nicht. Sie fragt und sagt nichts. Die Stille, die von portugiesischen Dialogen angefüllt wird.

Ich habe niemandem gesagt, dass ich hier bin. Das Ganze war mir unangenehm. Lediglich ein Freund in Berlin, der auf Toto aufpasst, weiß, dass ich weg bin. Aber nicht, wo.

Und jetzt sitze ich hier mit einer Fremden in einem Bungalow in Crocodile City am anderen Ende der Welt.

Sie sagt mir, dass wir um dreiundzwanzig Uhr abgeholt werden. Die essen hier wohl später. Kenne ich, ich esse auch spät, seit Jahren. Genau das ist mein Problem.

Vom Jetlag gequält, kann ich nicht einschlafen.

Draußen hupt ein Auto.

Ein alter schwarzer Ford Fiesta fährt vor. Ein komplett tätowierter, muskulöser Typ im Foo-Fighters-Muscle-Shirt mit Bauch steigt aus. Eduarda stellt ihn als »Carlos« vor. Er sagt nichts. Ich setze mich erschöpft auf die Rückbank, und wir fahren los. Die beiden reden portugiesisch miteinander, es wirkt weniger wie Reden, mehr wie Streiten.

Später streiten sie auch nicht mehr. Aus dem Radio dröhnt gerade »Hotel California« von den Gypsy Kings.

Ich hatte verstanden, dass die Fahrt vielleicht zwanzig Minuten dauert, jetzt bekomme ich auf meine Frage, wann wir da sind, keine Antwort mehr. Wir fahren durch einen Wald. Ich werde immer nervöser. Fange an, zu hyperventilieren. Die beiden reagieren nicht, drehen die Musik lauter.

Nach etwa eineinhalb Stunden biegen wir von der Hauptstraße auf einen holprigen Schotterweg ab. Ich springe aus dem fahrenden Auto, frage mich dabei, warum ich das nicht schon vorher gemacht habe, und renne in den Wald. Ins Nichts. In die Ungewissheit. Sie rufen meinen Namen durch die Dunkelheit. Ich übergebe mich mal wieder, diesmal an einem Baum. Sehr weit entfernt sehe ich Lichter, ich renne in ihre Richtung, das Rufen meines Namens wird leiser.

Herzlichen Glückwunsch, Liebestrottel. Die Kurznachrichten und Emojis. Das freundliche Radio, das im Hintergrund dudelte.

Was für ein emotionaler Dachschaden, sich diesen Liebesillusionen hinzugeben. Ich wünschte, dass ein Bär aus dem Dickicht auf mich zustürmt und mich ausknockt. Enough is enough. Ich habe gehört, dass, wenn ein Bär auf dich zustürmt, du dich totstellen musst, damit er dich in Ruhe lässt. Nur was, wenn es ein nekrophiler Bär ist? Manche Sachverhalte wurden einfach noch nicht zu Ende gedacht. Und überhaupt – gibt es in Brasilien Bären?

Weit entfernt erkenne ich eine Feuerstelle. Ich laufe dem Licht entgegen. Je näher ich komme, desto heller, wärmer, lauter wird es.

Ich stehe mitten in einem kleinen Dorf. Wahrscheinlich sehe ich aus wie ein verschwitzter Gorilla. Offenbar bin ich in eine brasilianische Hochzeitsfeier geraten. Lange gedeckte Holztische, Bänke, Lichtergirlanden und ein großes Feuer. Die Menschen tanzen, lachen, sie singen. Ich beruhige mich, mische mich unter die Leute, schnappe mir eine Sektflasche vom aufgebauten Buffet, exe sie, lasse mich treiben und tanze mit Fremden. Es ist schön.

Mein Blick fällt in eine schmale Gasse, die auf den Platz, auf dem die Feier stattfindet, zuführt. Und auf mich. Ein schwarzer Fiesta fährt mir langsam entgegen. Er stoppt direkt vor mir.

Eduarda und Carlos steigen aus, sie fragen mich, was los war. Ich überspiele die Situation mit: »Ich wollte eine Abkürzung nehmen«, und zu dritt gehen wir in die Menge. Noch mehr Alkohol, noch mehr Gesänge, noch mehr Zweifel. Eduarda sagt, dass sie gleich zurück ist, sie ihre Eltern holt, um sie mir vorzustellen. Ist das hier vielleicht meine eigene Hochzeitsfeier?

Zügig, aber möglichst unauffällig gehe ich zum Fiesta, dessen Fahrertür angelehnt ist. Der Schlüssel steckt. Ich lege den Rückwärtsgang ein.

Am nächsten Morgen werde ich von Polizeisirenen geweckt.

Durch ein Megafon werde ich auf Englisch aufgefordert, mit erhobenen Händen aus dem Bungalow rauszukommen. Mir werden Handschellen angelegt. Ich werde ins Auto geschubst und fahre auf dem Rücksitz zur nahe gelegenen Wache. Schon mal besser als der Rücksitz des schwarzen Fiestas, trotz der Umstände.

Auf der Wache – die so ähnlich aussieht wie mein Bungalow, nur mit einem Polizeischild dran – werde ich in eine Zelle gesperrt. Und täglich grüßt die Liebesgier. Mehr fällt mir dazu nicht mehr ein.

Nach etwa einer Stunde öffnet einer der beiden Beamten die Zelle, und ich werde an einen großen Holztisch geführt. »You stole a car, a black Fiesta. It belongs to a couple.« Ich erzähle ihnen die Geschichte, dass ich Eduarda auf einer Online-Plattform kennengelernt habe, ich aus Deutschland angereist bin, um sie zu treffen. Dann werde ich etwas freier – dass wir gemeinsam zu diesem Fest fuhren und ich mit dem Fiesta dann einfach zum Hotel zurück bin, weil ich müde war. Beide Polizisten fangen an zu lachen und schütteln die Köpfe. Ich erkläre ihnen, dass ich in Deutschland Komiker bin, zeige ihnen ein Video auf YouTube. Sie lachen nicht mehr. Gegen eine Kaution von hundert Dollar bringen sie mich zurück zu meinem »Hotel«.

Ich habe vierundzwanzig Stunden Zeit, das Land zu verlassen. Während ich in der Hotline der Fluggesellschaft hänge, sehe ich durch den Lamellenvorhang, wie Eduarda und Carlos in den Fiesta steigen und sich hinterm Lenkrad lange küssen.

»Hello Sir, welcome to Latam Airlines. How can I help you?«, erklingt es aus meinem Smartphone-Lautsprecher. »Sir? Hello, hello?«

16

Berlin

Ich stehe am späten Nachmittag am Rosenthaler Platz und schaue in meine neue Dating-App, auf der sich vermeintlich viele Medienschaffende angemeldet haben. Ich suche schließlich immer noch nach der wahren Liebe. Während ich mich nicht zwischen Döner und Pizza entscheiden kann, habe ich ein Match. Eine nicht gerade unbekannte Moderatorin aus der deutschen Fernseh-Landschaft. Sie erinnert mich an Nazan Eckes. Mit dem Stück Pizza im Mund laufe ich los Richtung Alexanderplatz, Richtung Fernsehturm, der durch die Sonnenstrahlen wie eine riesige Discokugel erleuchtet ist. Dort will ich meine Freundin Marianne treffen, mit der ich auf das Pet-Shop-Boys-Konzert gehe. Parallel schreibe ich mit meinem Match hin und her.

Am frühen Abend stehen Marianne und ich vor der Konzerthalle. Ich trage einen Smoking, wie die Pet Shop Boys auf dem Cover von »Actually«, Marianne trägt eine glitzernde Leggins mit einem übergroßen Sweatshirt mit Daffy Duck drauf. Sie liebt Daffy Duck. Wir sehen aus wie Kanye West und Kim Kardashian mitten in der Scheidung. Nach zwei Champagnerflaschen fühlen wir uns auch so. Wir laufen durch die Sicherheitschecks und Ticketkontrollen, zur Rolltreppe, die uns zu den preiswerteren Sitzplätzen hinauffährt. Oben angekommen, holt Marianne uns Getränke und ich chatte weiter mit meinem Match. Der Saal wird dunkel, die Scheinwerfer blenden uns, Hundegebell, das Intro von »Suburbia«, die Pet

Shop Boys betreten die Bühne. Mein Match fragt mich, wo ich gerade bin. Ich antworte – bei den Pet Shop Boys.

Als Jugendlicher wollte ich die Pet Shop Boys sein, und zwar beide. Mitten in der Provinz ließen mich ihre Eleganz und Stilsicherheit, ihre Aura in große Träume abdriften, vor allem aber waren es ihre Lieder, die mich ein Leben lang, bis heute, bis hier in diese Arena, begleiteten. Diese Songs, wie eine warme Motorhaube, auf der man sich als Katze gerne ausgestreckt hätte.

Mein Match schreibt zurück, dass sie auch auf dem Konzert sei. Allerdings im VIP-VIP-VIP-Bereich. Sie möchte wissen, wo ich sitze. Ich beschreibe es ihr in etwa.

Kurz darauf werden Marianne und ich von der Security aus dem Saal geführt. Was ist los? Werden wir hier gerade rausgeschmissen? Waren vielleicht doch ein paar Schampus zu viel. Andere Konzertbesucher haben sich wohl über unser lautes Mitgrölen beschwert.

Jetzt werden wir zu einem dubiosen Fahrstuhl gebracht. Mir kommt es in meinem besoffenen Zustand vor, als wenn der Fahrstuhl länger nach unten braucht als der Rainbow-Tours-Bus damals nach Paris.

Schließlich kommen wir an – ein goldener Vorhang öffnet sich. Dahinter eine Szene wie beim Empfang nach der Oscar-Preisverleihung. Glänzender Parkettboden, Kronleuchter, ein mega Buffet, eine Bar mit Barkeeper, strahlende, mir bekannte Gesichter, und am Ende des Raums eine VIP-Tribüne, fast genau an der Bühne, mit direktem Blick auf Neil Tennant und Chris Lowe. Mir tippt jemand auf die Schulter. Ich drehe mich um. Es ist mein Match.

In ihren silbernen Mänteln und etwas drolligen Hasenkopf-ähnlichen Helmen performen die Boys die mir endlos vertrauten Zuckerwatte-Hits aus den letzten fünfunddreißig Jahren.

Bei »New York City Boy« hebt Neil Tennant einen rosafarbenen Bären, der kurz zuvor auf der Bühne gelandet war, auf. Er fixiert mich und wirft ihn mir mit einem Augenzwinkern zu. Ungläubig stehe ich da, mit dem rosa Plüschfreund in meinen verschwitzten Händen. Ich drehe mich um und schenke ihn meinem Match.

Während der letzten Zugabe fordert sie Marianne und mich auf, ihr zu folgen – die Pet Shop Boys spielen wohl noch ein privates Clubkonzert.

Wir verlassen die Arena zu dritt durch einen Hinterausgang und landen per Limousine in einer angesagten Diskothek in der Nähe des Bahnhofs Zoo.

Die Pet Shop Boys betreten mit einer Live-Band die kleine Bühne. Neil Tennant fragt mit britischem Akzent, ob die Person, die vorhin auf dem Konzert den Plüschbären gefangen hat, anwesend ist, wenn ja, soll sie auf die Bühne kommen.

Ich fasse es nicht, ein Traum wird wahr, ich bin überwältigt – bis ich realisiere, dass mein Match sich gerade kreischend mit dem Bären zur Bühne vorzwängt. Katastrophe. Er hat mir den Bären zugeworfen, was denkt er jetzt wohl. Na, was er wohl denkt, er denkt: Wer ist sie? Und ich denke auch: Wer ist sie?

Ich höre, wie er ins Mikro sagt: »No, I did not give you the bear, I threw it to a very handsome chubby guy who looked like a pet shop bear.«

Mein Match kommt zurück, wirft mir beleidigt den Bären zu. Und ich stürze überglücklich los, zur Bühne. »That's better«, sagt Neil. Der Song »Love Comes Quickly« setzt ein. Dieser Moment, er erfüllt mich. Ich habe die Suche nach der wahren Liebe vergessen.

Warum aber sollte ich vor zur Bühne kommen? Habe ich eine Parisreise gewonnen?

Und während ich so vorne am Bühnenrand stehe, kommt es mir vor, als singe er nur für mich. Spätestens bei »Always on My Mind« bin ich fest davon überzeugt.

Später, im Berghain, oben in der Panaromabar, sitzen Neil und ich unter dem Bild der überdimensionalen Vagina. In meiner linken Hand die von Neil, in meiner rechten der rosafarbene Plüschbär. Wie immer möchte ich alle Geschehnisse unter Kontrolle haben. Eigentlich wollte ich die Frau, mein Match, näher kennenlernen wollte, wie immer, die Geschehnisse unter Kontrolle haben. Doch wie es das Schicksal so wollte, sitze ich jetzt hier mit meinem Traummann von 1991.

Meine Erfüllung, Liebe mal anders. Ich bin angekommen.

Im selben Moment fällt mir auf, dass eigentlich niemand neben mir sitzt.

17

Leer-Logabirum

Auf dem Teppich meines Kinderzimmers war der Playmobilzirkus aufgebaut. Ich hörte Musik – eine Kassette meiner Mutter, ich hörte sie immer wieder. Es war Udo Jürgens, er ließ mein Kinderherz höher schlagen. Seine Liedtexte berührten mich, ich fühlte mich verstanden. Wie ein Dialog zwischen dem Kassettenrekorder und mir. Vor meinen Eltern versteckte ich meine Gefühle oft, hier fühlte ich mich frei.

Es klopfte an der Tür. Mein Vater. Eigentlich wuchs ich ohne Vater auf. Ich hatte zwar einen, aber mein Papa war, da er sehr alt war, eher wie ein Opa für mich.

Die Vaterrolle nahm er nie an. Ab und zu machte er aber coole Ausflüge mit mir. Er liebte den Zirkus, liebte Travestieshows und Varieté. Hier war er wohl frei.

In der Hand hielt er einen Artikel aus der »Ems Zeitung«, den er sorgfältig ausgeschnitten hatte. In diesem Freizeitpark hinter Leer, erzählte er begeistert, gab es eine Attraktion, bei der ein echtes Pferd auftrat – es legte sich ins Bett und konnte sich dann selbst zudecken. Seine Augen strahlten, ähnlich wie meine, während er es mir erzählte.

Und so fuhr am Samstagmorgen mein Vater mit seiner goldenen S-Klasse aus der Garage, packte mich auf den Rücksitz, und es ging los über die Bundesstraße nach Ostfriesland, vorbei an der Pizzeria bei Ihrhove, die heute ein Bordell ist. Auf dem Weg hielten wir bei der Bäckerei Schlömer – ihr Slogan: »Brötchen von Schlömer machen dich schöner«. Mein Vater kaufte eine Lage Bienenstich, für nachher, wenn wir wieder zu Hause waren. Er kaufte immer zu viel Kuchen, falls Besuch kam, was aber selten der Fall war, das war eher vorgeschoben. Ich bekam ein Brötchen mit Kinderwurst, ein Schweinsohr, das zur Hälfte mit Schokoladenguss überzogen war, und eine »Capri-Sonne«. Den Bienenstich legte mein Vater in den Kofferraum, damit er kalt blieb.

Während ich aus dem Fenster blickte und den Rücksitz vollkrümelte, sang mein Vater Lieder, in die er meinen Namen einbaute. Es nervte mich nicht. Das war seine Art, mit mir zu reden.

Angekommen im Waldpark, kaufte mein Vater zwei Karten, und wir machten uns auf den Weg, vorbei an den Wasserrutschen, vorbei am Streichelzoo, zu der kleinen Bühne, wo ein Bett aufgebaut war, darüber hing eine große Uhr aus Holz, ohne Mechanik, stattdessen mit zwei Holzzeigern, die auf die nächste Vorstellung hinwiesen. Wir setzten uns auf die weißen Plastikstühle in der ersten Reihe. Die Stimme aus dem Lautsprecher kündigte an, dass wir nun gleich einer einmaligen Attraktion beiwohnen würden. Dann kam zum Pink-Panther-Theme ein Mann im Frack, mit Schnurrbart und zurückgegelter Frisur auf die Bühne. Hinter ihm ein echtes Pferd, ein Apfelschimmel, dunkel gescheckt. Slapstickartig führten sie eine Art Beziehung vor, und das Highlight am Ende war, dass sie gemeinsam ins Bett gingen. Erst das Pferd Fridolin, dann der Entertainer im Frack. Es war tatsächlich faszinierend, wie

Fridolin sich auf das Bett fallen ließ, mit dem Maul nach der Bettdecke schnappte und sie über sich zog. Mein Vater stieß mich immer wieder mit dem Ellenbogen sacht an, er wollte seine Begeisterung mit mir teilen.

Sieben Jahre in NS-Gefangenschaft hatte mein Vater überlebt. Der Zirkus schien für ihn eine Art Safe-Space zu sein, niemand wusste dort etwas über ihn, hier hatte er seine Ruhe. Was für meinen Vater der Zirkus war, war er für mich. Er wusste fast nichts über mich, und bei ihm hatte ich meine Ruhe.

Am Ende ließen mein Vater und ich uns noch mit dem Pferd fotografieren. Dann verabschiedeten wir uns von Fridolin und liefen langsam zum Auto zurück, wo der Bienenstich auf uns wartete.

18

Lüdinghausen

Ein paar Wochen nach dem Norderney-Urlaub durfte ich alleine mit dem Ferienticket per Regionalexpress nach Münster zu Fabiana fahren. Ich zog meine besten Skaterklamotten an. Den Vision-Street-Wear-Pullover, eine weite Dieseljeans und meine Airwalks. Die Haare mit Studio-Line-Gel und Haarspray hochgestylt.

Wir hatten oft telefoniert in den vergangenen Wochen. Immer wieder die Festnetznummer anrufen, in der Hoffnung, dass sie direkt abnahm und man diesen unangenehmen Moment vermeiden konnte. Aber es waren meist die Eltern. »Guten Abend, könnte ich bitte mit Fabiana sprechen. Danke schön.«

Fabiana wartete mit einer Freundin vor dem Bahnhof in Münster, kein Kuss zur Begrüßung, keine Umarmung. Wir fuhren mit dem Bus nach Lüdinghausen. Alles war weg. Wir saßen hinten auf der Rückbank, und ich merkte gleich, dass wir uns gar nichts mehr zu sagen hatten. In ihrem Dorf angekommen, stellte sie mich ihren Eltern vor, die einen Gasthof mit ein paar Pensions-Zimmern betrieben. Kurz zeigte sie mir ihr Zimmer, im Tonfall einer lustlosen Wohnungsmaklerin.

Neben vielen Skate-Postern fiel mein Blick auf ein paar Sprühdosen. Ich fragte, wofür die gut seien. Sie erzählte ganz selbstverständlich, dass sie sich immer mal wieder am Wochenende nachts mit ein paar Freunden traf, um auf dem jüdischen Friedhof Grabsteine umzuwerfen und Hakenkreuze draufzusprühen. Ich fragte sie, warum sie das machte. Das sei geil. Sie war ein trojanisches Pferd im Skater-Outfit.

Wir aßen noch im Gasthof, bevor ich alleine mit dem Bus nach Münster fuhr, wo ich den letzten Regionalzug zurück in meine norddeutsche Kleinstadt nahm. Aus meinen Walkman-Kopfhörern dröhnte Milli Vanillis »Girl I'm Gonna Miss You«. Draußen schüttete es, und Regentropfen klebten kurz wie kleine Reptilienzungen an der Zugfensterscheibe, bevor sie in Zeitlupe entgegen der Fahrtrichtung eine langgezogene Wasserspur hinterließen.

Diese Dates, auch sie haben Spuren hinterlassen. Fragen.

In einem seiner Stand-ups fragte sich Chris Rock, wie es sein kann, dass er nach dem krassesten, intimsten Sex kein Problem hat, die Frau zu blockieren, zu vergessen. Aber wenn man die Hand einer Person, die man gut findet, die man mag, nur berührt oder festhält, allein das schon reichen kann, um den Wunsch nach einer Bindung auszulösen.

Verlerne ich durch diese Onlinedatingscheiße, die alles ermöglicht, das Krasseste, das Intimste: zu lieben? Ich will eine Dating-App, bei der man sich trifft, bloß um die Hand des anderen zu halten.

Setzen wir uns doch auf diese Bank mit schönem Ausblick. Oder hier in dieses Café. Die Pfote des anderen nehmen. Und einfach mal die Schnauze halten. Hold on, dot com.

19
Paris / Berlin

Gemeinsam machen Toto und ich uns auf den Weg zum Hotel. Vielleicht das letzte Mal. Den Boulevard Saint-Germain entlang, Toto bleibt an jedem Baum stehen. Die Lichter in den Schaufenstern der Möbelgeschäfte sind erloschen. Toto – mein kleiner dunkler Schatten. Ich will ihn nicht mehr leiden sehen. Er hustet immer wieder stark. Es wird schlimmer. Der Arzt hinter der kleinen Holztür hatte mich gewarnt, dass es zu Ende geht. Manchmal bleibt er einfach mitten auf dem Bürgersteig stehen. Ich trage ihn die letzten Meter zum Hotel. Im Fahrstuhl presse ich sein Gesicht fest an meins. Ich fange an zu weinen, in sein weiches Fell. Im Zimmer mache ich nur die Nachttischlampe an und lege Toto im schummrigen Licht vorsichtig auf das große Kissen.

Ich ziehe mich aus. In meiner Unterhose setze ich mich neben ihn. Toto sieht traurig aus. Ich denke, er kann nicht mehr.

Ich greife nach dem Lederetui, in dem sich meine großen, ja, gigantischen Insulinspritzen befinden. Ich denke darüber nach, wie ich ihn von seinem Leiden befreien kann.

Mir fällt ein, dass ich eine große Flasche Beruhigungsmittel dabeihabe, in einer Art Lederbeutel, wie der Zaubertrank bei Asterix. Vielleicht das Richtige für meinen kleinen schwarzen Idefix. Ich ziehe die schimmernde Flüssigkeit in eine der Riesenspritzen auf. Ich fange an zu zittern, lasse die Spritze fallen.

Ich will nicht, dass mein Hund stirbt. Ich habe Angst. Ich will auch nicht sterben. Ich messe meinen Blutzuckerspiegel. Ich bin unterzuckert, komplett. Ich hole eine kleine Flasche Apfelsaft aus der Minibar und greife nach der Spritze neben mir. Hab offenbar vergessen, was da drin ist. Oder nicht. Toto ist mittlerweile neben mir eingeschlafen.

Ich drücke ab, die Flüssigkeit schießt in meine Venen. Eiskalter Schweiß. Toto öffnet kurz die Augen. Sie fallen ihm gleich wieder zu.

Ich greife zu meinem Handy, der Bildschirm ist erleuchtet. Alles ist Zeitlupe. Alles dreht sich, ist fast weg, wieder da. Eine WhatsApp-Nachricht von meiner Mutter. »Ich habe dein neues Buch gelesen«, verkündet sie streng. »So wirst du in diesem Leben bestimmt keine Frau mehr kennenlernen. Fehlt nur noch, dass du dich umbringst.«

Ich schließe meine Augen. Wärme breitet sich aus. No, I won't please everybody.

Dieses Gefühl, wenn du aus einem Traum aufwachst, dich erstmal nicht bewegen kannst und eine Weile brauchst, um zu realisieren, dass es nur ein Traum war. Toto schaut mich interessiert von seiner Seite des Betts an. Die Berliner Morgensonne strahlt sanft auf seine mittlerweile grauen Schnurrbarthaare.

20
Paris

Zurück nach Paris. Im Thalys mit 230 Stundenkilometern rauschen wir vorbei an dunklen Wiesen und Feldern. Die lila und bordeauxrot gemusterten Polster der Sitze reflektieren sich in der Scheibe. Das Licht gedimmt, Toto eingewickelt in meiner Bomberjacke auf dem Sitz neben mir. Ich fühle nichts. Ab und zu Schmerzen. Wachstumsschmerzen. Du musst das innere Kind umarmen? Das innere Kind kann mich mal am Arsch lecken. Ich bin 45 Jahre alt. Ich bin jetzt erwachsen. Ich weiß, dass ich nicht in diesem Zug nach Paris sitzen und nochmal Clara treffen sollte. Ich sollte die Notbremse ziehen und aussteigen.

Diese Liebe, verdammt. Dieser Sehnsuchtskokolores.

Liebe als Anfang aller Dinge. Der Liebesknall, den will man erleben. Und das, was danach kommt. Ich bin müde vom Alleinsein, gleichzeitig kann ich mir gar nicht mehr vorstellen, zu zweit zu sein. Ich will mein altes Leben auslöschen, will neue Wege gehen und doch falle ich immer wieder in den alten Trott.

Ich streichle Toto, er hebt den Kopf, ich blicke ihm in die Augen, die mittlerweile von einem leichten Schleier überzogen sind. Ich habe Angst vor seinem Tod. Er ist siebzehn, ein alter Hund. Er ist mein Alles. Ihn liebe ich wirklich. Ich hole ein großes Notizheft aus meinem Rucksack, lege es auf den Abteiltisch, reiße eine Seite heraus und fange an zu schreiben.

»Toto, du, mein Ein und Alles. Ich weiß, dass du diesen Brief nie lesen wirst. Seit dem Tag unserer ersten Begegnung gab es fast keinen Moment, keine Stunde, keine Minute, die wir nicht gemeinsam verbracht haben. Nichts, was wir nicht geteilt haben. Wir haben Europa bereist, Paris, Zürich, Budapest, Amsterdam, München. Gemeinsam beendeten wir jeden Tag im Restaurant, du neben mir auf der Sitzbank. Du bist mir nie von der Seite gewichen. In den dunkelsten Stunden warst du an meiner Seite. Deinetwegen habe ich mich weniger einsam gefühlt, habe ich mich überhaupt gefühlt. Du bist der Freund an meiner Seite.«

Während ich diese Zeilen schreibe, kommen mir die Tränen, Toto hebt den Kopf und schiebt ihn unter meine Hand.

»Gemeinsam schliefen wir ein, gemeinsam standen wir auf, wenn du krank warst, verbrachte ich nachts Stunden mit dir in der Notfallklinik, wir spazierten durch den Central Park, checkten gemeinsam in den Bayerischen Hof ein, du bist immer höflich, wenn auch zurückhaltend, gegenüber den Menschen offen, lediglich große Hunde machen dir Angst. Mein flauschiger Freund. Nie werde ich den Abend im Borchardt in Berlin vergessen, als sich neben uns zwei ältere Herrschaften darüber beschwerten, dass du auf der Bank sitzen durftest. Nur einen Augenblick später servierten dir die Kellner kleingeschnittenes Filet und frisches Wasser. Natürlich auf der Bank. Und auf Einladung des Hauses.

Taxifahrer mit Hundehaarallergie, sie nahmen dich trotzdem mit. Niemand konnte dir widerstehen. Gut, sie waren auch nicht dabei, wenn du den Urin der anderen Hunde von Laternenpfählen in Charlottenburg abgeschlabbert hast. Jeder Hündin nachgestiegen bist. Du, der Harvey Weinstein von Berlin Charlottenburg.

Du bist der perfekte Hund, du riechst wie ein Hund, deine Pfoten duften nach Popcorn, du bist weich, hast einen wunderbaren Charakter, bist sanft und verspielt, gütig, treu. All das, was ich in meinem Leben bis heute nie bedingungslos mit jemandem teilen konnte. Bitte geh noch nicht. Bleib.«

Toto leckt kurz an meiner Hand. Das Zeichen, dass er wieder gestreichelt werden möchte.

Am Gare du Nord angekommen, bleiben wir noch einige Minuten vor dem Bahnhof stehen. Ich atme tief ein und wieder aus. Ein und wieder aus. Erinnere mich an Maja und ihre Anweisungen im Schneidersitz. Mit dem Taxi machen wir uns auf den Weg zum Café de Flore, wo Clara schon auf uns wartet.

Dann – eine WhatsApp-Nachricht. Von Clara. Sie schreibt, es tue ihr leid, sie hätte es mir früher sagen sollen, seit ein paar Tagen sei sie in einer Beziehung und komme nun nicht. Sie wünsche mir alles, alles Gute.

Traurig bin ich nicht, die Zeichen hätte ich deuten können. Hatte mir wieder eine Märchenversion gebastelt. Ich bin nicht traurig, ich bin wütend. Wütend auf mich selbst. Liebe ist kein Grundrecht. Ich habe kein Recht auf nichts. Ich bin gierig und maßlos – und habe doch viel. Und verhalte mich, als hätte ich nichts. Ich sollte das Viele, das ich habe, begreifen, fühlen können. Ich habe in der Vergangenheit die Liebe sowieso nicht erkennen können, ich gehe davon aus, dass ich sie in der Zukunft, selbst, wenn sie mir erscheint, auch nicht sehen werde. Wer suchet, der nicht findet. Mir fällt jetzt aber erst einmal nur Eva ein, sie kam auch nie.

Es ist schon spät. Toto und ich sind die einzigen Gäste im Café, wir setzen uns raus auf die Terrasse. Nebeneinander auf zwei Stühle. In die lange leere Stuhlreihe vor den kleinen Bistrotischen mit ihren runden grünen Platten und dem in Gold eingravierten Logo des Cafés. Alles in diesem Set-up ist auf die Straße ausgerichtet. Und diese Bühne betrachten Toto und ich nun, den wie leer gefegten Boulevard Saint-Germain.

Es fängt an zu regnen. Zu donnern. Es schüttet. Ein Kellner stellt sich in die Tür und kommentiert den Sturm mit einem »Oh, là, là«. Von der gegenüberliegenden Seite überquert eine Passantin mit Schirm und kleinem weißen Hund den Boulevard. Obwohl alle Stühle leer sind, fragt sie, ob der Tisch neben uns frei sei.

Ich nicke. Der Kellner nimmt ihr den Schirm ab, ihr Hund schüttelt sich, und sie setzt sich zu uns unter die Markise. Der Kellner bringt ihr einen kleinen Rotwein, mir ein Glas Champagner. Wir nicken einander zu.

Hier sitzen wir jetzt zu viert, nah beieinander im Trockenen. Der weiße Schnauzer links von ihr, Toto rechts von mir. Gemeinsam schauen wir auf die Straße. Auf die orangefarbene Neonschrift der Brasserie Lipp gegenüber, sie spiegelt sich endlos in den vielen Pfützen.

Die Fremde zahlt, steht auf, knöpft ihren Mantel zu. Bevor sie geht, wendet sie sich uns zu. Sie schaut mich an, ich schaue sie an.

Sie lächelt, hält kurz inne, blickt zu meinem schlafenden kleinen schwarzen Pelzhaufen und fragt: »Und wie geht es Toto?«

Bevor ich es begreife und ihr antworten kann, ist sie hinter dem Vorhang des Pariser Regens verschwunden.

Fin. For now.

Ausgeflippt

Epilog

Was ist Liebe, frage ich mich, während vom Balkon nebenan Dionne Warwicks »I'll Never Love This Way Again« rüberschwappt. Ich stecke mir den ersten Erdnussflip der Packung in den Mund.

Liebe ist ein Flip, wenn du einen gekostet hast, willst du mehr. Mehr Flip, mehr Liebe. Irgendwann dann – die Erdnussflipmasse in deinem Mund, du willst sie lange zwischen den Zähnen, unter deinem Gaumen spüren, du schubst sie mit der Zunge von rechts nach links, sie gleitet den Rachen runter in den Magen, durch die Speiseröhre, die Tüte ist leer. Der letzte Flip weg. So wie auch die Liebe.

Meat Loaf sang: »I'd do anything for love but I won't do that«. Was wollte er nicht tun, das frage ich mich bis heute.

PLAYLIST

1 Burt Bacharach *I'll Never Fall in Love Again*
2 Guns N' Roses *November Rain*
3 Danzel *Pump It Up*
4 Burt Bacharach *A House Is Not a Home*
5 Dave Brubeck *Take 5*
6 Matthias Reim *Verdammt, ich lieb dich*
7 Snap *The Power*
8 Sinead O'Connor *Nothing Compares to You*
9 Roxette *It Must Have Been Love*
10 Maxi Priest *Close to You*
11 Toto *Hold the Line*
12 Prince *I Would Die 4 U*
13 Prince *Purple Rain*
14 Barry Manilow *Mandy*
15 Europe *The Final Countdown*
16 Weather Girls *It's Raining Men*
17 Gérard Depardieu *Dis, quand reviendras-tu?*
18 Sacha Distel *La belle vie*
19 Queen & David Bowie *Under Pressure*
20 Queen *Too Much Love Will Kill You*
21 *Paris danse danse, Paris ... danse*
22 Rosalía *Malamente*

23 Kool and the Gang *Fresh*
24 Purple Disco Machine *Emotion*
25 2raumwohnung *Lucky Lobster (Nacht)*
26 Kendrick Lamar *Crown*
27 Celine Dion *All By Myself*
28 *Channukah Song Maoz Tzur*
29 Bette Midler *From a Distance*
30 Whitesnake *Is This Love*
31 Guns N' Roses *Sweet Child o' Mine*
32 Whitney Houston *I Have Nothing*
33 Bill Evans *You Must Believe in Spring*
34 Edith Piaf *La vie en rose*
35 George Michael *Careless Whisper*
36 Gypsy Kings *Hotel California*
37 Pet Shop Boy *Suburbia*
38 Pet Shop Boys *New York City Boy*
39 Pet Shop Boys *Love Comes Quickly*
40 Pet Shop Boys *Always on My Mind*
41 Henry Mancini *The Pink Panther Theme*
42 Milli Vanilli *Girl I'm Gonna Miss You*
43 Dionne Warwick *I'll Never Love This Way Again*
44 Meat Loaf *I'd Do Anything for Love (But I Won't Do That)*

DANK

Für die wunderbare Zusammenarbeit danke ich:

Zoya Mahdavy
Elisabeth Ruge
Mimi Wulz

Rebecca Casati, Nina Knapitsch und dem Suhrkamp Verlag.

QUELLENVERZEICHNIS

S. 21 *Sweet Child o' Mine*, Guns N' Roses, Text: Axl Rose, Geffen Records 1988
S. 21 *A House is Not a Home*, Burt Bacharach, Text: Burt Bacharach, Hal David. Kapp Records 1965
S. 47 *Under Pressure*, Queen & David Bowie, Text: David Bowie, John Deacon, Brian May, Freddie Mercury, Roger Taylor, EMI/Elektra Records 1981
S. 53 *Lucky Lobster (Nacht)*, 2raumwohnung, Text: Inga Humpe, It Sounds 2017
S. 57 ff. *Crown*, Kendrick Lamar, Text: Sam Dew, Kendrick Lamar, Duval Timothy, PGLang/TDE/ Aftermath Entertainment/Interscope Records 2022